MW01702716

BIEN ÉCRIRE À L'ÉCOLE

CYCLE 3
NIVEAU 2

Nathan

Générique de l'ouvrage

Couverture : Killiwatch
Conception graphique : Christian Blangez
Mise en pages : Facompo
Illustrateur : Didier Marandin
Éditrice : Sophie Constans
Coordination artistique : Léa Verdun

 ISBN 209.120668.7

INTRODUCTION

Pourquoi *Bien écrire à l'école* ?

La collection *Bien écrire à l'école* est conçue dans le prolongement de *Bien lire à l'école*. Elle vise à aider les élèves de primaire à réaliser différents types d'écrits, à savoir remanier et corriger leurs brouillons. Ce livre s'adresse aux élèves de CM1 et propose aux enseignants un instrument d'utilisation souple qui, comme l'ont prouvé les expériences menées, permet un réel perfectionnement dans le domaine de l'écrit.

Options pédagogiques de *Bien écrire à l'école*

Les options pédagogiques retenues sont celles qui se sont avérées des facteurs de réussite lors de l'expérimentation.

Vision claire des objectifs

Chaque module est centré sur un objectif explicité à l'élève qui devient ainsi acteur de son apprentissage. Dans la même optique, les exercices portent un titre qui rappelle la compétence visée.

Vision réaliste des objectifs

Dans les manuels portant sur l'écrit, les élèves sont souvent découragés de se trouver devant des textes d'auteurs généralement choisis comme modèles ; ils se sentent, eux, incapables de parvenir à ce résultat. C'est pourquoi ce livre propose d'authentiques écrits d'élèves.

Vision claire des procédures

Se trouver devant une tâche qui lui paraît immense, sans points de repères, est une situation déconcertante, voire stressante pour l'élève. Afin d'éviter cet écueil, l'accent est mis sur les moyens permettant d'atteindre les objectifs. *Bien écrire à l'école* évite l'implicite, les conseils vagues du type : « retenez l'essentiel », « faites preuve d'imagination », « relisez attentivement »... Il indique comment y parvenir.

Vision claire des résultats

Des mémos réguliers permettent de faire le point. Ils synthétisent les critères de réussite mis en évidence au cours des unités.

L'auteur

Structure de *Bien écrire à l'école*

Le livre est organisé autour de **modules** centrés sur une production d'écrits spécifique. Ces modules comportent plusieurs **unités** destinées à aider les élèves à maîtriser les compétences utiles pour parvenir à ce but.

Au début de chaque module, une situation au cours de laquelle les élèves rencontrent souvent des difficultés est évoquée. L'objectif du module, en rapport avec cette situation, est alors annoncé : il s'agit de pallier l'écueil en question. Le module est ainsi ressenti comme une réponse à un problème : les enfants se sentent directement concernés.

Les unités

Chaque unité comporte quatre grandes parties.

Je découvre

Guidés par des questions, les élèves mettent au jour certaines particularités de l'écrit étudié ou de la compétence à acquérir. Ils sont invités à donner leur avis et à se tester en rédigeant eux-mêmes un texte bref.

J'observe

Toujours guidés par des questions, les élèves procèdent ici à un véritable examen de l'écrit proposé afin de s'approprier les procédés qui permettent de le réaliser.

Je fais le point

Cette partie, à effectuer collectivement, récapitule ce qui a été mis en évidence précédemment en veillant toujours à souligner l'intérêt de suivre les procédés indiqués : il s'agit de produire un écrit facilement compréhensible pour le lecteur et non simplement de respecter des règles.

Je m'entraîne

Les capacités nécessaires pour atteindre l'objectif, après avoir fait l'objet d'une prise de conscience, sont développées par des exercices visant à rendre l'activité globale plus aisée.

Les exercices sont classés par **niveau de difficulté** à l'intérieur de chacun des objectifs : un trèfle, ♣, pour le niveau 1, deux trèfles, ♣♣, pour le niveau 2, trois trèfles, ♣♣♣ pour le niveau 3. Certains proposent des « jeux de rôle ». L'élève doit, par exemple, se mettre à la place de l'enseignant, aider un autre élève... Il arrive ainsi à se décentrer, à anticiper les tâches, ce qui constitue un gage de succès.

Récréation

Une activité ludique, à effectuer en groupes, est proposée. Les élèves exercent ainsi leurs compétences sous un aspect moins formel.

La « trousse de secours »

La « trousse de secours » donne aux élèves les moyens d'enrichir leurs écrits afin de lever les éventuels blocages devant la feuille blanche. Elle permet également de les faire progresser en orthographe. L'étude de copies d'élèves a permis de mettre en évidence le « hit-parade » des fautes les plus couramment commises. C'est sur ce « hit-parade » que porte la « trousse ». Ainsi, 75 % des fautes peuvent être évitées. Ce résultat, souvent spectaculaire, motive les enfants et diminue leurs réticences à écrire.

SOMMAIRE

Module A

J'écris des textes courts

Ce module comprend deux unités.

J'écris pour me souvenir — Unité 1

Tu prépares ton matériel, tu vas faire des courses. Tu dois prendre quelques précautions…
N'encombre pas ta mémoire, **écris ce à quoi tu dois penser**. Mais tu dois noter uniquement les mots qui te permettront de te souvenir. Lesquels ? De quelle manière ?

J'écris des légendes pour des illustrations — Unité 2

Pour être attrayant, un texte informatif peut être accompagné d'illustrations (photographies, dessins, croquis, etc.). Ces illustrations ne sont pas là uniquement pour décorer, mais pour apporter des informations nouvelles. **Les textes et les illustrations se complètent**. Pour que le lecteur tire le meilleur parti des illustrations, il est important de les accompagner d'une légende. Sais-tu en rédiger ?

Unité 1

J'écris pour me souvenir

Je découvre

1. Cynthia veut emporter différentes choses en vacances. Pour ne rien oublier, elle se répète sans cesse les objets à préparer. Que pourrait-elle faire pour éviter d'agir de cette manière ?

2. Trouve un moyen pratique de récapituler ce que tu aimerais préparer pour recevoir tes amis à ton anniversaire.

J'observe

1. Lis le texte et regarde le début de la liste qu'auraient pu faire les parents de Jeanne pour éviter les oublis. Effectue ensuite ce qui est demandé.

MAMAN ET PAPA OUBLIENT TOUT…

Jeanne part faire les courses avec ses parents. Ils ont décidé d'acheter ce qu'il faut pour préparer un gratin de pommes de terre, des escalopes aux champignons, un gâteau au chocolat et une tarte aux pêches. Il leur faut, comme d'habitude, du pain, du beurre, des yaourts, du lait, des pommes, des bananes et du fromage. Les voilà dans le magasin. Le père de Jeanne passe devant le rayon légumes : il achète des pommes de terre et des champignons. Un peu plus loin, il pense à acheter du beurre et du lait. La mère de Jeanne, elle, achète de la farine pour le gâteau et la tarte. Elle se rappelle qu'il faut acheter des pêches. Elle termine par le rayon boulangerie pour acheter du pain.

Contents d'avoir fini leurs courses, tous trois rentrent chez eux et déballent leurs provisions. Au moment de préparer le repas, le père de Jeanne cherche le gruyère pour le gratin, le chocolat pour le gâteau… De son côté, la mère de Jeanne découvre, en rangeant les courses, qu'il manque les yaourts et les bananes. Tous deux demandent à Jeanne de réparer leurs oublis et de retourner au magasin. La petite fille est ravie car elle n'a pas pensé à acheter la boîte de peinture demandée par la maîtresse.

Liste de courses

- Pommes de terre
- Escalopes
- Champignons
- ...

a) Comment se présente la liste ?

b) Comment les mots notés ont-ils été choisis ?

c) Complète la liste.

2. Lis le texte. Regarde ensuite le début de la fiche récapitulant les règles à respecter, puis réponds aux questions. Cette fiche a été préparée par Mathis.

LES RÈGLES À RESPECTER POUR ÊTRE EN SÉCURITÉ SUR UN DEUX-ROUES

Dès le départ, tu dois prendre une précaution indispensable : sors avec prudence des jardins, des immeubles, des cours... Sinon, tu risques de heurter un autre véhicule ou un piéton. Pense aussi à bien fixer tes bagages. Un cartable mal fixé peut tomber et se prendre dans les rayons. Souviens-toi que tu ne dois pas circuler sur les trottoirs, ils sont réservés aux piétons.

Les panneaux de signalisation te concernent sauf ceux qui limitent la vitesse, pense à les respecter. Ne slalome pas entre les voitures. Si tu tombais, beaucoup ne pourraient s'arrêter et le choc serait inévitable. Quant aux feux tricolores, ils s'adressent non seulement aux automobilistes mais aux vélos, n'oublie pas de les respecter. Attention aux voitures en stationnement : une portière qui s'ouvre représente un véritable danger. Éloigne-toi d'elles, circule à un mètre des voitures garées le long des trottoirs. Bonne route !

Attention

- Sortir avec prudence.
- Fixer ses bagages.
- Ne pas circuler sur les trottoirs.
- ...

a) Comment la fiche est-elle présentée ?

b) Pourquoi Mathis n'a-t-il gardé que quelques mots ?

Je fais le point

Pour ne rien oublier, il existe un moyen pratique : établir un récapitulatif. Ce dernier peut prendre plusieurs formes : liste, fiche. Sais-tu comment les préparer ?

Dresser une liste

C'est le cas le plus facile. La seule règle est que la liste soit claire de façon à s'y retrouver facilement.

Note ce qui est nécessaire en écrivant un objet ou un élément par ligne.

Commence chaque ligne par un tiret (-) pour bien distinguer les différents objets.

Exemple :

- Pommes de terre
- Gruyère

Un bon conseil

Quand tu te seras procuré ou que tu auras préparé chaque objet, coche-le.

Faire une fiche

La fiche ne se contente pas de lister des objets, mais, de noter des opérations à accomplir ou de présenter brièvement des informations. Au début de la fiche présentée dans « J'observe », sont récapitulées quelques-unes des précautions à prendre quand on roule à vélo.

Pour réaliser ce genre de document :

- Munis-toi, si possible, d'une fiche cartonnée de la taille de ton choix.
- Repère les informations qui t'intéressent dans le texte.
- Note-les le plus brièvement possible.

Exemple :

« Sortir lentement » est suffisant pour retrouver ce qui est recommandé. Tu te doutes bien qu'il s'agit de sortir de chez toi ou d'un lieu public, la précision « des immeubles, des cours, des jardins »... n'est pas utile. La deuxième phrase sur ce sujet : « Tu peux aussi faire courir un risque aux piétons », est une conséquence de ce qui peut arriver si tu ne respectes pas le conseil mais cette information n'est pas utile si tu veux rapidement te souvenir de ce qui est recommandé.

- Va à la ligne pour chaque information.
- Commence chaque ligne par un tiret (-).

Un bon conseil

Sois bref et écris lisiblement.

Je m'entraîne

1. Un bon dessert ♣

Fais une bonne surprise à tes parents : prépare le dessert pour le dîner. Commence par repérer les ingrédients (ou aliments), les ustensiles, les récipients mentionnés.

Établis deux listes pour être sûr de ne rien oublier : la liste des aliments, la liste des ustensiles et des récipients.

Exemple : « bol » est un récipient, « fouet » est un ustensile.

Attention ! Certains objets ne sont pas indiqués, ils sont pourtant indispensables... N'oublie rien.

Exemple : couper les bananes..., il te faut un couteau.

BANANES À LA CRÈME FOUETTÉE

– Battez la crème fraîche avec un fouet dans un bol pour qu'elle forme une mousse légère.

– Épluchez et coupez les bananes en rondelles dans un autre bol. Écrasez-les.

– Ajoutez le yaourt, le miel et le jus de citron aux bananes et mélangez bien.

– Incorporez la mousse, et répartissez le mélange dans des coupes à dessert, en le parsemant d'amandes.

2. Une belle collection ♣

Parcours ce texte afin de repérer les objets nécessaires pour constituer une collection de timbres. Établis une liste.

BONS TUYAUX POUR BONS COLLECTIONNEURS

Quand on commence une collection, on n'a qu'une idée en tête, celle de voir grossir sa collection. Mais une belle collection demande une certaine organisation. Voici quelques tuyaux pour vous permettre de bien démarrer votre collection de timbres.

Tout d'abord, il vous faut la panoplie du parfait collectionneur.

Elle se compose de plusieurs objets : une paire de ciseaux avec laquelle vous découperez la partie en haut à droite de l'enveloppe, celle où se trouve le timbre ; un bol rempli d'eau tiède pour décoller les timbres oblitérés des morceaux d'enveloppe ; une pince pour tenir délicatement les timbres qui sont fragiles ; une loupe pour voir les détails invisibles à l'œil nu ; un odontomètre pour mesurer le nombre de dents des timbres ; un catalogue de timbres pour pouvoir les reconnaître et les classer par catégorie ou par thème ; un classeur pour ranger, présenter et conserver chaque timbre.

Voilà, avec cet équipement tout simple vous êtes paré pour commencer votre collection.

Au début d'une collection de timbres, on a envie de tous les posséder. Mais c'est impossible. Sachez que chaque mois, il vous faudrait dépenser entre 400 et 500 euros pour vous procurer tous les timbres qui sont sortis dans le monde. Vous pouvez choisir un ou deux thèmes (sujets). Par exemple, si vous aimez la nature et les animaux, vous pouvez en faire une collection de timbres. Vous pouvez aussi vous orienter vers le sport ou encore les différents pays, etc.

La collection des nouveaux timbres français coûte 35 euros environ pour une année.

Quand votre collection aura grandi, si vous le souhaitez, vous pourrez faire partie d'un club philatélique et faire des échanges. C'est très amusant, très intéressant, et c'est l'occasion de se faire de nouveaux camarades.

Document de « La Poste ».

3. Une farce amusante ♣

Tu veux faire une farce. Avant de la mettre en œuvre, fais la liste des objets dont tu auras besoin. N'oublie rien, même ce qui n'est pas indiqué tel quel.

PAN DANS L'ŒIL

Voici un faux accident à réaliser avec des amis. Dessine sur du papier une cible que l'on fixe au mur avec du ruban adhésif. Demande ensuite à un ami de viser du doigt le centre de la cible.

Puis, les yeux bandés et dans la même position, la « victime » doit retrouver le centre de la cible, index pointé en avant.

Juste avant, tu auras préparé dans un coin une rondelle de citron ou d'orange, un vieux mouchoir taché de feutre rouge. Il faut se débrouiller pour que le doigt pointé du joueur transperce la rondelle que tu tiendras à la main.

Dès que son doigt est passé au travers de la rondelle, tu pousses un grand cri de douleur. Avant qu'il n'ait enlevé son bandeau, tiens le mouchoir sur ton œil en continuant de crier. Ne le laisse pas trop longtemps dans l'inquiétude et rassure-le sur l'état réel de ton œil !

Martin Berthommier, *Le guide des farceurs*, « Les bouquins malins », © Gallimard.

4. Liste de survie ♣♣

Lis le texte, puis prépare la liste de ce que les enfants vont emporter.

PRÉPARATIFS DE DÉPART

En vacances en Bretagne, Magali, Étienne et Ern escaladent les falaises comme de vrais alpinistes. Un jour, ils découvrent dans le roc une vieille boîte rouillée qui contient un message énigmatique. Et si c'était la carte d'un trésor ? Les trois amis se préparent à s'embarquer vers l'île mystérieuse dont il est question dans le message.

C'est en début d'après-midi que les choses sérieuses commencèrent. Les amis se réunirent chez Étienne, dans l'atelier. Magali avait le carnet et le stylo. C'est elle qui devait prendre note de la liste du matériel nécessaire. Étienne lui conseilla :

— Tu écris sur une page ce qu'il faut pour naviguer. J'en fais mon affaire : une boussole, une carte, une ancre…

— Étienne ! On ne part pas pour le tour du monde ! On part pour Saint-Riom… une île qui est à peine en plein large, c'est toi qui l'as dit !

— En mer, on n'est jamais trop prudent.

Étienne continua :

— Il nous faut deux lignes pour la pêche. Si un mauvais courant nous entraîne sur une île déserte, on pourra toujours pêcher pour survivre un peu mieux. J'amènerai de l'eau douce pour trois jours. Toi, Magali, tu peux prévoir les provisions de bouche ?

— Du pain, des gâteaux, je peux… qu'est-ce qu'il faut d'autre ? […]

— J'achèterai deux boîtes de pâté et deux boîtes de sardines, je verrai.

— Magali, prends en plus du saucisson et du fromage.

Magali relut ses notes à haute voix.

— Il faut que chacun ait un couteau et des allumettes et une lampe de poche, note cela.

— Moi, je m'occupe de la pharmacie. Je trouverai chez ma tante tout ce qu'il faut. Ma tante, c'est une malade des médicaments ! Je prendrai quelques comprimés contre la douleur, des bandes pour emballer un membre en cas de fracture, de la pommade pour les brûlures et deux ou trois potions magiques pour abattre le mal de tête, la fièvre jaune, la peur bleue et les rhumatismes !

— Ern, on n'a pas l'âge des rhumatismes.

— Mieux vaut prévoir.

Étienne relut pour lui-même tout ce qui avait été écrit par Magali :

— Il manque le plus important.

— Quoi ?

— Une pioche et une pelle pour creuser à six pieds Est-Ouest de la pierre du Christ.

— Faut les acheter… j'ai assez d'économies pour la pioche mais sans doute pas pour la pelle, dit Ern.

— Je prendrai la vieille pelle pliante qui est là. Elle fera l'affaire.

— Je crois qu'on a pensé à tout. […]

Magali rédigea au propre trois feuillets, soit un pour chacun d'eux. Elle garda pour elle la liste complète, qui lui permettrait de tout vérifier avant l'embarquement.

Y. Pinguilly, *Le Secret de la falaise*, coll. « Nathan Poche », éd. Nathan.

5. Précautions ♣

Tu roules en VTT. Avant de partir, récapitule les conseils donnés par le texte sous forme de fiche comme sur le modèle.

Précautions à prendre

- Prendre un casque et des gants.
- Mettre un maillot et un short.
- …

ROULER EN V.T.T.

Le casque et les gants sont indispensables, même lorsque tu roules lentement. Les vêtements les plus adaptés sont un maillot et un short car ils permettent d'évacuer plus facilement la chaleur du corps lorsque tu fais un effort. Pense à prendre une paire de lunettes pour les descentes : elle empêche les yeux de pleurer.

Sois toujours bien équilibré sur ton vélo : plie tes bras, appuie solidement les pieds sur les pédales et regarde loin devant. Cette position te permet de tourner rapidement le guidon pour franchir une bosse.

Tu peux aller jusqu'à plus de 50 km/h sur des chemins (la vitesse d'une voiture en ville !). Tu dois savoir t'arrêter en cas de danger. Freine d'abord avec la roue arrière, puis progressivement avec le frein de devant.

Tu dépenses beaucoup d'énergie en V.T.T. Économise tes forces en pédalant régulièrement, surtout en montée ! N'attends pas que le pédalage soit trop dur pour changer de vitesse. Tes muscles travaillent beaucoup et brûlent des calories. Emporte une barre aux céréales afin d'éviter les coups de fatigue. Tu peux ainsi pédaler plus longtemps et plus vite. N'oublie pas de boire régulièrement à petites gorgées. Utilise plutôt une gourde qui se fixe sur le cadre du vélo.

D'après P. Galiano, DR.

6. Bons conseils ♣♣

Lis le texte et prépare une fiche récapitulant les conseils donnés pour protéger notre environnement.

La première réponse est donnée en exemple.
À chaque tiret correspond une information.

Comment protéger notre environnement

- Prendre les transports en commun.
-
-
-
-
-

PROTÉGER L'ENVIRONNEMENT

La vie moderne produit toujours plus de déchets. Outre le contenu des poubelles domestiques et les emballages, les déchets industriels posent de graves problèmes. Certains matériaux peuvent être brûlés, mais les fumées dégagées risquent de polluer l'atmosphère. Des substances dangereuses sont enfermées dans des containers qu'on enterre ou qu'on place au fond des mers mais sans être certain qu'un jour ils ne s'échapperont pas. Des accords entre les pays ont été signés pour diminuer la pollution. C'est très important mais la protection de l'environnement est aussi l'affaire de tous.

Prendre les transports en commun plutôt que sa voiture. Économiser l'énergie et utiliser des énergies non polluantes. Trier les ordures est un geste indispensable afin que le carton, le papier, le verre soient utilisés pour fabriquer de nouveaux objets. Sinon, ces matériaux mettent des années à se dégrader : mille ans pour une bouteille en verre ! Se servir de produits recyclables permet de respecter la couche d'ozone. Enfin, éviter d'acheter des meubles en bois exotique est un moyen de préserver certaines espèces d'arbres en voie de disparition.

Informations extraites de *L'Encyclopédie Dokéo, 6-9 ans*, éd. Nathan.

Récréation

1. Établir la carte d'identité d'un animal ♣♣

a) Relève les informations caractéristiques du chat sauvage.

b) Reproduis ensuite la carte d'identité de ton animal préféré à l'aide de ce modèle.

Nom de l'animal : ……………………

Situation géographique : ……………………

Taille : …………… Poids : …………… Couleur : ……………

Signes distinctifs (fourrure, queue, plumage, force, rapidité…) : ……………………

……………………

Mode de vie : ……………………

Habitat : ……………………

Caractère : ……………………

Alimentation : ……………………

Technique de chasse : ……………………

Reproduction : ……………………

Longévité : ……………………

Ennemis : ……………………

LE CHAT SAUVAGE

On l'appelle aussi chat forestier. Il ressemble à un grand chat domestique tigré. Mais les rayures noires de son pelage forment des dessins précis sur un fond gris ou roux. Sa queue est courte et se termine par un bout rond et noir. Il a une grosse tête aux oreilles courtes qui s'aplatissent lorsqu'il se sent en danger. Il mesure de 47 à 60 centimètres, il pèse de 3 à 8 kilos, le mâle étant plus gros que la femelle.

Le chat sauvage est accusé de manger les lièvres, les lapins, les petits chevreuils et de s'attaquer à l'homme ! Des études récentes ont montré qu'en fait il se nourrit surtout de petits rongeurs qu'il chasse à l'affût. Il ne doit donc pas être considéré comme un animal malfaisant.

Il vit seul ou en couple, habitant dans les arbres creux, les trous de rochers. Il peut grimper dans les arbres pour dénicher des oiseaux, ou se reposer, mais aussi pour se réfugier. Il en descend maladroitement. Il est très méfiant et difficile à voir.

La chatte sauvage a trois ou quatre chatons par an, à la fin du printemps. Abondant autrefois, le chat sauvage est devenu rare.

B. Bornancin, S. Marceau, *Les petits mammifères*, « Nathan doc 8/12 », éd. Nathan.

2. Réaliser une fiche de film ♣♣♣

Si tu es passionné de films, **tu peux constituer un fichier pour présenter les films qui t'ont plu.** Là encore, sois bref, y compris pour mentionner le sujet.

Exemple de présentation

Titre du film : .... Réalisateur : ....

Acteurs principaux (pas plus de trois) : ....

Genre (film d'aventures, film de science-fiction, comédie...) : ....

Époque : .... Lieu (x) : .... Sujet : ....

Particularités (dialogues, rythme, interprétation, effets spéciaux, humour, émotions ressenties...) : ....

J'écris des légendes pour des illustrations

Je découvre

Voici une illustration. Elle fait partie d'un dossier sur la pollution des rivières et ses conséquences sur les animaux.

1. Note ce qu'elle représente.
2. Compare ce que tu as noté avec ce que les autres élèves ont écrit.
3. Si les réponses varient, comment peut-on procéder pour que l'illustration ait la même signification pour tous ?

J'observe

Voici un extrait de page documentaire.

1. Que comporte-t-il ? Note les différents éléments.
2. Quelles précisions apportent les légendes, c'est-à-dire les petits textes qui accompagnent les illustrations ?
3. Les légendes se présentent-elles toutes deux de la même façon ?

L'EXPLOSION SCIENTIFIQUE

Depuis le début du XXe siècle, de nombreuses innovations techniques ont bouleversé la vie des hommes. Souvent pour améliorer, mais pas toujours...

L'allongement de la durée de la vie

Aujourd'hui, en France, l'espérance de vie est de 75,5 ans pour un homme et de 83 pour une femme. La découverte de vaccins permet de vaincre de graves maladies : tuberculose, tétanos, poliomyélite... Les nouveaux médicaments, comme les antibiotiques, soulagent de nombreux malades. Des greffes d'organes (cœur, reins, foie...) sont tentées et réussies.

Le scanner fournit des informations précises sur le fonctionnement des organes. Ainsi, la mise au point du laser en 1960 permet de mieux connaître et soigner l'œil.

Les machines à la place des hommes

Grâce à l'automatisation, le travail devient moins pénible. Les premiers robots apparaissent. Depuis les années 1970, ils effectuent les tâches répétitives sur les chaînes des usines. L'utilisation de l'ordinateur qui pilote, conçoit ou fabrique marque une nouvelle étape dans ce développement.

Informations extraites de J.-P. Dupré, *Méga Junior*, « L'Encyclopédie vivante », éd. Nathan.

La chirurgie peut être assistée par le rayon laser.

Chaîne de montage avec robots : les machines fabriquent d'autres machines.

Je fais le point

De nombreux textes documentaires combinent textes et illustrations (dessins, photographies, croquis...). Mais, même insérée dans le texte, une illustration n'est pas toujours suffisamment « parlante ». Pour la rendre plus lisible, il est souvent nécessaire de préciser ce qu'elle représente en écrivant une légende.

Comment écrire une légende d'illustration ?

– La légende peut être un **titre**, une simple étiquette.

Exemple : la seconde illustration de « L'explosion scientifique » pourrait avoir uniquement comme légende : « Chaîne de montage avec robot ».

– La légende peut aussi être un **commentaire** de l'illustration et constituer un mini-texte.

Exemple : « La chirurgie peut être assistée au rayon laser. »

– La légende peut, enfin, comporter deux parties : **un titre et un commentaire**.

Exemple : « Chaîne de montage avec robots : les machines fabriquent d'autres machines. »

À toi de choisir la légende en fonction de tes lecteurs. Demande-toi si un titre est suffisant ou si un commentaire est préférable pour qu'ils comprennent mieux.

Un bon conseil

Une légende doit expliquer, préciser ou compléter les informations données par l'image.

Je m'entraîne

1. Légendes et illustrations ♣

Ces illustrations ont perdu leurs légendes.

a) **Retrouve la légende qui convient pour chaque illustration.**

b) **Note le numéro des illustrations qui se rapportent plus particulièrement aux distractions dans les châteaux forts.**

LES CHÂTEAUX FORTS

1

2

3

4

5

A. Dans les pièces brûlent des lampes à huile.
B. Les invités applaudissent le jongleur.
C. Les troubadours chantent et récitent des poèmes.
D. Des torches éclairent les couloirs.
E. Un banquet chez un riche seigneur.

2. Des légendes en désordre ♣

Voici une autre page documentaire. Les illustrations ne sont pas à leur place.

a) **Indique l'illustration qui correspond à chaque légende.**
b) **Complète ou modifie les légendes à l'aide des textes.**

DE PLUS EN PLUS VITE

À pied, l'homme peut franchir de grandes distances, mais sa vitesse reste réduite (entre 4 et 6 km à l'heure) et il se fatigue vite. Grâce à son génie, il a inventé et perfectionné des techniques qui lui permettent de se rendre maître de l'espace qui l'environne.

L'homme parcourt les mers

La recherche des terres inconnues et le commerce avec des pays lointains nécessitent de longs voyages en mer. Les bateaux se transforment et deviennent de plus en plus sûrs et rapides. Le Bateau à Grande Vitesse (BGV), mis en place en 1996, relie la Corse et le continent.

La conquête du rail

Au XIXe siècle, le train à vapeur remplace peu à peu la diligence. Le réseau des chemins de fer s'étend dans le monde entier. La vapeur est bientôt remplacée par le train électrique. En 1990 apparaît le Train à Grande Vitesse (TGV) ; il roule à plus de 515 km à l'heure.

L'automobile

Son apparition marque une ère nouvelle. À partir du XIXe siècle, elle évolue très rapidement et tient une place de plus en plus importante. Le moteur à essence est inventé en 1876.

L'homme s'élève dans les airs

La conquête de l'espace est une véritable révolution. Les progrès se succèdent de façon extraordinaire. Des vitesses fantastiques sont atteintes.

J.-P. Dupré, *Méga Junior*, « L'Encyclopédie vivante », éd. Nathan.

1

2

3

4

A. Le Train à Grande Vitesse (TGV) Atlantique détient le record de vitesse sur les rails.

B. Le Bateau à Grande Vitesse (BGV) atteint des vitesses de 70 km à l'heure.

C. Les navettes spatiales atteignent des vitesses de 40 000 km à l'heure.

D. Le fardier de Cugnot est une des premières automobiles à vapeur.

3. Ouvre l'œil ! ♣♣

Voici un texte et deux illustrations sur les animaux des âges glaciaires.
En les examinant, Kenneth a relevé neuf informations.

a) **À toi d'indiquer si Kenneth a trouvé ces informations grâce au texte, grâce aux illustrations ou grâce à la légende des illustrations.**

b) **Note à quelle partie du texte se rapporte chaque illustration.**

ANIMAUX DES ÂGES GLACIAIRES

Pendant ces 2 derniers millions d'années, l'hémisphère Nord a été soumis à des climats tempérés et polaires. Pendant les périodes glaciaires, la vie des animaux et des plantes a été bouleversée.

Les célèbres mammouths

Tous les mammouths n'étaient pas recouverts d'une épaisse toison noire et rousse qui les rend si célèbres. Les plus connus sont les mammouths laineux que nos ancêtres, les hommes préhistoriques, peignaient sur les murs de leurs grottes. Ils n'étaient pas si grands qu'on ne l'imagine et ne dépassaient guère 2,80 m de haut. Leurs longues défenses leur servaient à dégager la neige du sol pour y chercher des végétaux.

L'ours des cavernes

L'énorme ours des cavernes est souvent présenté comme une terreur, attaquant et dévorant les hommes préhistoriques. Il est vrai que sa taille, dépassant d'un tiers celle d'un ours grizzly, était impressionnante. Son énorme tête lui donnait un air redoutable. Pourtant, l'ours des cavernes était plutôt végétarien.

J.-M. Mazin, DR.

Les très célèbres mammouths vivaient encore en Europe voici 10 000 ans.

Nos ancêtres préhistoriques connurent l'immense ours des cavernes.

1. Les hommes préhistoriques peignaient des mammouths sur les murs des grottes.
2. Il y a 10 000 ans, les mammouths vivaient en Europe.
3. Les mammouths les plus connus sont les mammouths laineux.
4. Les défenses des mammouths étaient recourbées.
5. Les mammouths portaient une fourrure noire.
6. L'ours des cavernes était surtout végétarien.
7. L'ours des cavernes vivait à l'époque des hommes préhistoriques.

8. L'ours des cavernes avait quatre énormes pattes.

9. La taille de l'ours des cavernes dépassait largement celle de l'ours grizzly.

4. Des légendes à inventer ♣♣

Alice a préparé textes et illustrations pour un exposé sur les déserts, mais elle est à court d'idées pour les légendes.

En t'aidant des textes, complète la légende de chaque illustration.

LES DÉSERTS CHAUDS

Les déserts chauds représentent un tiers des terres du monde. Ce sont des endroits que le manque d'eau a rendu peu attirants. La vie n'y est pourtant pas absente. La mise en valeur de ces textes est un vieux rêve que l'on envisage toujours de réaliser.

Un paysage de pierres et de sable

C'est la caractéristique des déserts chauds. Le sol peut être couvert de pierrailles, les regs, ou de collines de sable façonnées par le vent, les ergs. La végétation est rare, l'air sec et brûlant, le vent souvent violent. La nuit est fraîche. Les rares fois où il pleut, l'eau tombe sous forme d'averses torrentielles. Il arrive qu'il ne pleuve pas pendant plusieurs années.

Un début d'aménagement

Vaincre le désert, y construire des villes, des routes, des aéroports, c'est le pari lancé. Mais l'entreprise est longue, coûteuse et difficile. Les énormes richesses du sous-sol (pétrole, fer...) sont à l'origine de cette conquête du désert. Des villes sont nées, comme Hassi-Messaoud en Algérie, au cœur du Sahara.

Les points d'eau

Ils permettent à l'homme d'habiter le désert. Certains hommes sont nomades, c'est-à-dire qu'ils se déplacent de point d'eau en point d'eau, à la recherche de maigres pâturages. D'autres sont sédentaires, ils vivent dans les oasis, refuges de verdure, où ils cultivent dattes, céréales, tabac...

Une vie ralentie

Plantes et animaux sont adaptés à la sécheresse. Des arbustes et des touffes d'herbe poussent au creux des cours d'eau, appelés les oueds, ou à l'abri des dunes. Les cactus, plantes grasses, stockent l'eau dans leurs tiges. Serpents et insectes s'enfouissent dans le sable pour résister à la chaleur. Les dromadaires, grands animaux du désert, ont des réserves d'eau et de graisse qui leur permettent de rester plusieurs jours sans boire.

J.-P. Dupré, *Méga Monde*, « L'Encyclopédie vivante », éd. Nathan.

Les regs

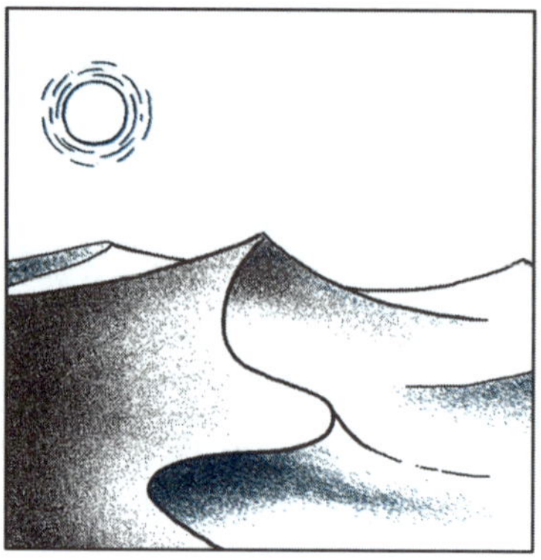

Les ergs

Des cactus

Récréation

1. Le monde à l'envers ♣

Le jeu s'effectue par groupes de deux ou trois.

Celui qui rectifie le premier les mots déformés et rend à chaque illustration sa légende a gagné.

1. 

A. Les lions tournent en rond dans leur nage.

2. 

B. Le ballon est emporté par la bague.

3. 

C. La toiture est bloquée dans les embouteillages.

4. 

D. Le chien tord celui qui s'approche de sa nourriture.

5. 

E. Le chameau est posé sur la table.

6. 

F. Les igloos sont des saisons faites avec de la glace et de la neige.

7. 

G. Les lunes de sable sont construites par le vent.

8. 

H. La mésange se nourrit de douches.

9. 

I. Le petit garçon boue du piano.

Récréation

2. Concours du meilleur conducteur ♣♣

Qui connaît le mieux les panneaux de signalisation ?
Pour gagner, il suffit d'être le plus rapide.

Trouve et écris la signification de chaque panneau.

Un, deux, trois ! Partez !

Joker

Les panneaux en forme de rond entourés d'un cercle gris annoncent une interdiction*.
Les panneaux en forme de rond à fond bleu annoncent une obligation.
Les panneaux en forme de triangle annoncent un danger.
Les panneaux en forme de rectangle ou de carré donnent des indications.

1

2

3

4

5

6

7

8

* Tous les panneaux grisés sont dans la réalité en rouge.

J'évalue mon aide-mémoire et mes légendes

Pour réussir l'aide-mémoire et les légendes, je pense à...

A. Aide-mémoire

1. Choisir la présentation la mieux adaptée : liste ou fiche.
2. Noter uniquement les informations indispensables.
3. Séparer chaque information en allant à la ligne.
4. Être bref.
5. Vérifier si tu peux retrouver ce dont tu as besoin grâce à ce que tu as noté.
6. Faire lire ton aide-mémoire à quelqu'un d'autre afin de savoir s'il est compréhensible.
7. Écrire lisiblement.

B. Légendes

1. Écrire des textes « parlants », clairs pour le lecteur.
2. Présenter les légendes sous forme de commentaires brefs ou de titres.
3. Donner des informations complémentaires à celles des textes.
4. Noter les légendes sous les illustrations.

Module B

J'écris pour raconter

Ce module comprend trois unités.

Je trouve des idées — Unité 3

« Je n'ai pas d'idées... », « Ah ! Si les rédactions n'existaient pas ! » C'est peut-être ce que tu as pensé un jour en soupirant. En réalité, tu as beaucoup d'idées mais tu ne sais pas comment fouiller ta mémoire pour les trouver. Sais-tu qu'il existe des méthodes pour t'aider ? Parions qu'après cette unité, tu n'en reviendras pas de posséder tant d'idées.

Je construis mon récit — Unité 4

Trouver des idées est une étape essentielle. Une autre étape consiste à les classer pour bâtir un texte facile à suivre pour le lecteur. Pour reconstituer un puzzle, tu choisis l'emplacement des différentes pièces. Il en est de même pour les idées de ton récit. Comment procéder ? C'est ce que tu vas découvrir.

J'enchaîne les idées de mon récit — Unité 5

Le lecteur a besoin de savoir à quel moment s'est déroulé tel ou tel événement et combien de temps il a duré. Comment t'y prendre ? Agis comme un détective dans une enquête, utilise des indices. Ces indices s'appellent des repères temporels. Les connais-tu ? Cette unité a pour but de te familiariser avec ces repères qui peuvent être des mots ou des expressions.

Je trouve des idées

Unité 3

Je découvre

1. Le mot « vacances » a évoqué beaucoup d'autres mots pour Iris. Lis-les et fais de même avec le mot « école ».
Montagne, mer, plage, rocher, pêche, campagne, promenade, excursion, camping, tente, hôtel, voyage, train, baignade, nager, plonger, jouer, moniteur, été.

2. Élie prépare une rédaction sur le sujet suivant : « Pendant les vacances, tes parents te permettent de construire une cabane, rien qu'à toi. Raconte comment tu t'y prends pour la fabriquer. » Il cherche comment débuter son texte mais il a des difficultés. Aide-le en notant en vrac les idées qui te viennent sur ce sujet.

J'observe

Victor va écrire une rédaction sur le sujet suivant : « Tes parents ne supportent plus un chien que tu as recueilli le mois dernier. Un événement dont ton chien est le héros les fait changer d'avis. Raconte. » Victor cherche des idées. Il a commencé à en noter quelques-unes à l'aide de deux méthodes découvertes en classe. Observe-les.

1. Comment se présentent ces deux méthodes ?

2. Quelles sont leurs particularités ?

PREMIÈRE MÉTHODE : LA TEMPÊTE DE CERVEAU

SPA
garage
situation grave
compagnon
aboyer
fuir
nuit
cambrioleur

Mon chien est un héros

désobéissant
carreau cassé
remuant
triste
sale
bruit

SECONDE MÉTHODE : LES PISTES À IDÉES

Qui	Moi, un chien, mes parents
Où	Chez moi
Quand	Une nuit
Ce qui se passe (quoi et comment ?)	Mes parents acceptent de garder un chien abandonné que j'ai recueilli. Mon chien est désobéissant. Mes parents sont mécontents. Mes parents ne veulent plus du chien. On entend un bruit. Mon chien aboie.
Ce que ressentent les personnages	Moi : content, triste. Mes parents : furieux, rassurés.

Je fais le point

Quand tu as une rédaction à préparer, utilise ces deux méthodes. Tu ne seras plus jamais « en panne d'idées ».

Première méthode : la tempête de cerveau

- Note le sujet au centre d'une page et entoure-le.
- Ferme les yeux. S'il s'agit de raconter une scène à laquelle tu as assisté ou participé, revis-la dans ta tête. S'il s'agit d'une scène inventée, imagine-la :
  - tu vois des images, sortes de flashes ;
  - tu entends des paroles, des bruits ;
  - tu éprouves des sentiments.
- Dès qu'une idée arrive, vite, vite, note-la sous forme de mots (des noms, des adjectifs, des verbes...) : ne fais pas de phrases. *Exemple :* « compagnon » est suffisant pour retrouver l'idée : « le chien est mon meilleur compagnon ».
- Écris les mots tout autour du sujet, sans chercher à mettre de l'ordre.
- Note, note, note pour attraper les idées qui te traversent l'esprit.
- Quand tu es à court d'idées, relis un mot satellite et demande-toi : à quoi cela me fait-il penser ? De nouvelles idées jailliront.

Seconde méthode : les pistes à idées

Emprunte ces différentes pistes.

- *Qui* (va jouer un rôle dans mon histoire) ? : les personnages. Ces derniers peuvent être des hommes, des animaux ou même des objets.
- *Quand* cela se passe-t-il ?
- *Où* cela se passe-t-il ?
- *Que se passe-t-il* aux différents stades de l'histoire ?
- *Comment cela se passe-t-il ?*

Un bon conseil

Toutes les pistes ne sont pas utiles pour tous les sujets, explore-les quand même : une idée peut en cacher une autre !

Je m'entraîne

1. À quoi cela te fait-il penser ? ♣

Voici des mots qui se rapportent à la même idée. Trouve cette idée.

- Trac – terreur – épouvante – panique – effaré – effrayé – appréhension – crainte.
- Alpiniste – ski – cime – sommet – neige – téléphérique – chalet – escalader.
- Malheureux – pleurer – chagrin – désolé – ennuyé – cafard – désespéré.

2. Des idées autour d'un mot ♣

Pour démarrer une voiture, il faut un démarreur. Pour trouver des idées, il faut des « mots démarreurs ».

Choisis deux mots parmi ceux qui te sont proposés et note rapidement ceux auxquels ils te font penser.

- nuit
- carnaval
- joie
- ogre

3. Des mots évocateurs (1) ♣

Voici une rédaction écrite par Auric à partir du sujet : « Raconte un souvenir de vacances. » Auric a travaillé son brouillon avant de parvenir à ce résultat...

a) **Retrouve et note les mots ou expressions de la rédaction qui ont un rapport :**

- avec la surprise
- avec la joie
- avec le voyage

b) **Trouve d'autres mots pour chacun des thèmes.**

SOUVENIR D'ENFANT

J'avais alors six ans. Je n'étais jamais allé à la mer. J'en rêvais depuis toujours mais mes parents ne pouvaient pas m'y emmener. Un soir, au début du mois de juin, ma mère est rentrée à la maison, l'air mystérieux.

Je l'ai regardée et je me suis douté qu'il se passait quelque chose. Je l'ai interrogée mais elle n'a répondu à mes questions que par un petit sourire étrange. Soudain, elle m'a demandé : « Tu aimes voyager ? », puis « Tu n'as pas peur de l'eau ? » Je l'ai regardée, intrigué par ces questions. « Alors, je crois que tu vas être content, finit-elle par dire, devine… Nous partons à la mer au mois de juillet. Nous avons trouvé une maison à louer à deux pas de la plage. » J'ai sauté de joie et j'ai parcouru l'appartement en criant : « Je pars à la mer, je pars à la mer… ! »

Le mois de juin m'a paru interminable. J'ai dévoré tout ce que j'ai trouvé sur la mer, à la grande surprise de ma maîtresse qui savait que je n'aimais pas beaucoup lire.

Enfin, le jour du départ est arrivé. En voiture, mes parents se sont plaints de la chaleur, des encombrements. Moi, tout m'était égal. Je vivais sur un petit nuage. Dans quelques heures, mon rêve allait se réaliser…

« Nous y voilà, ce n'est pas trop tôt ! » s'est écrié mon père en descendant de voiture. Sans regarder la maison, je me suis précipité vers la première personne pour lui demander : « La mer, c'est où ? » Le passant m'a indiqué le chemin. Je me suis mis à courir dans la direction indiquée. Soudain, je l'ai vue : la mer était là, devant moi, plus belle et plus immense que je ne l'avais imaginé. Mon cœur a battu très fort. J'ai marché sur la plage jusqu'à ce que la rencontre tant attendue se produise : une vague m'a mouillé les pieds.

Une idée m'a alors traversé l'esprit : « Plus tard, je serai marin ! »

4. Des mots évocateurs (2) ♣

Lis le texte.

a) **Note tous les mots qui créent une atmosphère de mystère.**

b) **Trouve d'autres mots qui peuvent contribuer à créer cette atmosphère.**

LE CHÂTEAU DES ENFANTS GRIS

Mic et Orphée sortent de l'école.

Mic enfourche son VTT. Au lieu de revenir au village, il s'engage sur le chemin qui mène à la forêt du Landais qui l'a toujours intrigué.

D'abord Orphée hésite, et puis elle le rejoint. […]

Le sentier sinue et devient très étroit. Ils roulent vite.

Autour d'eux, un soir mauve tombe tout doucement.

Soudain, au détour du chemin apparaît l'étang du Cygne. On l'appelle ainsi parce qu'un cygne s'y promène avec un air de surveillant.

Ce cygne a toujours été là, affirment les habitants du village.

Mais aujourd'hui, il est absent. Par contre, contre la berge se dresse au milieu des arbres une drôle de maison. En fait, c'est plutôt un château, avec ses douze fenêtres et sa haute tour pointue.

Orphée étouffe un cri de surprise.

— Tu vois ? dit Mic en chuchotant. Eh bien hier, il n'y était pas.

Orphée sait que Mic ne ment pas : dimanche, elle est venue pique-niquer avec son père. Ils ont même fait le tour de l'étang à vélo. Là, au milieu de l'eau, le cygne vagabondait comme un petit voilier blanc.

— Ce château… ce n'est pas normal, dit Mic en grimaçant.

Dans le crépuscule naissant, deux fenêtres s'illuminent de rose ; une porte s'ouvre ! Deux enfants, puis deux adultes, apparaissent. Ils parlent…

— Tu entends ?… Tu comprends ?… demande Mic à voix basse.

Non. Orphée ne perçoit qu'une mélodie bizarre. Les enfants fixent l'autre berge. Et brusquement, Orphée se sent dévisagée, comme si le miroir de l'eau faisait loupe. Effrayé, Mic saute sur son vélo ! Orphée, impressionnée, l'imite et le rejoint.

Mais un sentiment trouble la relie désormais à l'étang, au château – ou à ses habitants : un fil, un fil élastique invisible.

C. Grenier, *Le Château des enfants gris*, coll. « Nathan Poche », éd. Nathan.

5. Jamais à court d'idées ♣♣

Clara va écrire une rédaction sur le sujet : « Quand on est petit, on croit que tout est possible. Raconte une histoire où des enfants inventent quelque chose d'extraordinaire. »

Elle a commencé à noter des idées. Aide-la en complétant les deux méthodes : la tempête de cerveau et les pistes à idées.

• La tempête de cerveau

sœur CP

commande automatique

attend

moi maternelle

fabriquer

Une invention extraordinaire

triste

lieux différents

idée géniale

plus d'embouteillages

rapide

engin magique

même heure

• Les pistes à idées

Qui ?	Ma sœur, moi, ma mère
Où ?	À l'école, dans la rue
Quand ?	L'après-midi, à la sortie de l'école
Ce qui se passe	Je suis en maternelle, ma sœur est entrée au CP, dans une autre école. Les deux écoles sont loin. Tantôt, j'attends maman, tantôt, c'est ma sœur qui attend.
Ce que disent les personnages	« Je ne peux pas être à deux endroits différents au même moment. »
Ce que voient mes personnages	Les autres élèves partent chez eux.
Ce qu'entendent les personnages	
Ce que ressentent les personnages	Je suis triste.

Récréation

1. Histoire en relais ♣

Un élève commence à raconter une histoire pendant une minute. Un autre élève doit poursuivre, puis un autre… Le résultat risque d'être surprenant.

2. Les bonimenteurs ♣♣

Tu dois présenter brièvement l'objet de ton choix pour persuader tes camarades qu'il est magnifique : un jouet, une bicyclette, des chaussures… Tu disposes de trois minutes pour rassembler tes idées et de quatre minutes, montre en main, pour noter ce que tu as trouvé. Tu peux lire ce que tu as préparé en jouant les « bonimenteurs ».

3. Les journalistes ♣♣

Choisis un événement qui s'est déroulé chez toi, dans la ville… Prépare-toi à le raconter à la manière d'un journaliste.
Tu disposes de dix minutes pour noter tes idées. Présente-les ensuite à tes camarades.

Je construis mon récit

Je découvre

Voici deux courts récits sur le sujet de l'unité 3 : « Tes parents ne supportent plus un chien que tu as recueilli le mois dernier. Un événement dont ton chien est le héros les fait changer d'avis. Raconte. »

1. Lis les deux textes puis réponds à ce qui est demandé.

TEXTE 1

Mes parents trouvent que mon chien est insupportable. Ils veulent s'en débarrasser. En attendant, ils m'obligent à le laisser dans la cave. Je suis très ennuyé et cherche un moyen de les faire changer d'avis, mais rien à faire. Une nuit, un voleur veut pénétrer dans notre maison. Mon père appelle la police qui cherche des indices. Mon chien va pouvoir rester.

TEXTE 2

Mes parents accusent mon chien de toutes sortes de défauts. Ils décident qu'il doit partir. Mais une nuit, le chien aboie. Mes parents se réveillent et vont vérifier ce qui se passe. Ils aperçoivent un homme qui s'enfuit. Grâce au chien, nous n'avons pas été cambriolés. Désormais, il n'est plus question de s'en débarrasser.

2. Indique le texte qui te semble le meilleur en donnant les raisons de ton choix.

3. Jette-toi à l'eau. Écris un récit sur le même sujet en t'appuyant sur le texte que tu as trouvé le meilleur. Fais-le lire à un(e) camarade.

J'observe

Clara a fini d'écrire son texte sur le même sujet.

1. Lis le texte et essaie de mettre au jour la manière dont Clara a procédé : comment a-t-elle organisé son récit, qu'est-ce qui aide le lecteur à le comprendre ?

Mes parents avaient toujours refusé d'avoir un chien à la maison. Un après-midi de printemps, en me promenant dans les bois, je trouve un chien abandonné et blessé. Mes parents en ont pitié et l'emmènent pour le soigner. Au bout de quelques jours, le chien se porte mieux ; mes parents voulaient prévenir la SPA mais je me suis attachée au chien et, devant mes larmes, mes parents acceptent de le garder.

Le chien, appelé Castor, est désormais installé chez nous. Il est adorable mais plutôt désobéissant. Il s'installe sur le fauteuil préféré de ma mère, il dévore tout ce qu'il trouve dans la cuisine. Au fil des semaines, mes parents ne voient plus que les défauts de Castor. Mon père hurle lorsque le chien s'ébroue, mouillé, sur le tapis de l'entrée. Maman affirme qu'il sent mauvais. Elle ne veut plus le voir dans la maison et l'enferme dans le garage. De jour en jour, la situation empire. C'est sûr : mes parents n'aiment plus Castor. Ils parlent de l'abandonner. Je suis triste, si triste…

Une nuit, alors que la famille est plongée dans le sommeil, la fenêtre de la cuisine s'entrouvre tout doucement. Un cambrioleur essaie de pénétrer chez nous après avoir découpé un carreau. Du garage, Castor perçoit un bruit inhabituel. Il guette et montre les crocs. S'il pouvait sortir, il se précipiterait sur le voleur et l'empêcherait d'avancer. Mais il ne peut pas sortir. Tant pis, il se met à aboyer de toutes ses forces.

Réveillés en sursaut, mes parents s'écrient : « Ah, ce chien, quelle plaie ! » Ils décident de descendre pour le faire taire. En passant près de la cuisine, ils entendent quelque chose d'étrange. Ils ouvrent la porte brusquement et voient une silhouette s'enfuir par la fenêtre. Grâce à Castor, ils ont échappé à un cambriolage ou pire.

Depuis ce jour, Castor est devenu le grand ami de mes parents, l'inséparable compagnon. Mes parents le cajolent et racontent à tout le monde qu'il est le sauveur de la famille. Ouf ! Je suis soulagé et heureux. Au fond de moi, je remercie le mystérieux cambrioleur.

2. Pour comprendre comment Clara a procédé pour écrire le texte précédent, réponds aux questions.

a) Pour aider le lecteur à comprendre le récit

1. Quels sont les personnages de l'histoire ?
2. Qui raconte l'histoire ?
3. Quand a lieu l'histoire ?
4. Où a lieu l'histoire ?
5. Quelle est la situation au début de l'histoire ?
6. Dans quel paragraphe trouves-tu ces renseignements ?

b) Pour faire découvrir ce qui se passe

1. Quel est l'événement qui change la situation ?
2. Dans quel paragraphe ce changement est-il indiqué ?
3. Que se passe-t-il ensuite dans :
– le paragraphe 3 ?
– le paragraphe 4 ?
– le paragraphe 5 ?
4. Quelle est la situation à la fin de l'histoire ?

c) Pour situer chaque idée à sa place

1. Indique dans quel paragraphe (1 à 5) de la rédaction de Clara les événements suivants sont racontés.
– Le chien aboie.
– Les parents ont pitié du chien.
– Les parents voient un cambrioleur s'enfuir.
– Le chien doit rester dans le garage.
– Les parents trouvent le chien désobéissant et sale.
– Une nuit, un voleur entre chez Clara.
– Les parents sont réveillés par le chien.

2. Indique dans quel paragraphe (1 à 5) de la rédaction de Clara pourrait se trouver chacun des passages suivants.
– Le chien se couche sur le lit des parents, tout mouillé. Il grimpe sur la table et mange ce qu'il trouve.
– Le chien est maintenant paré de toutes les qualités. Il apprend à se dresser sur ses pattes. Il va chercher Clara à la sortie de l'école. Bref, il est définitivement adopté.
– Le pauvre chien a l'air mal en point. Il ne peut plus se lever et gémit pour qu'on s'occupe de lui.
– La mère de Clara trouve le chien insupportable. Elle affirme qu'il devient impossible de le garder.

– L'homme se dirige à pas de loup vers le salon où il a l'intention de dérober les tableaux et les objets de valeur.

3. Les différents épisodes résumant la rédaction de Clara sont dans le désordre. Écris-les dans l'ordre.

– Le chien devient l'ami de la famille.
– Les parents acceptent d'adopter le chien.
– Les parents entendent un bruit étrange.
– Le chien aboie pour prévenir les parents.
– Le chien ne fait que des bêtises.
– Un voleur entre dans la maison.

Je fais le point

Comment construire ton écrit pour que tes lecteurs puissent facilement suivre le déroulement de l'histoire ?

Imagine le scénario

- Utilise les deux méthodes vues dans l'unité précédente (p. 33-34). Note des mots, des idées.

- Dans les pistes à idées, reprends la piste en détail : « ce qui se passe » de manière à construire un scénario. Fais défiler ce scénario dans ta tête, comme si c'était un film ou une histoire que tu te racontes.

Écris le récit imaginé

- Au début du récit, tu présentes :
  - les personnages ;
  - le lieu ;
  - le moment, l'époque ;
  - la situation de départ (ou situation initiale) : c'est la situation dans laquelle se trouvent les personnages au début de l'histoire.

- Au cours du récit, tu racontes l'événement qui modifie la situation, puis le premier épisode marquant, le deuxième, etc. Pense à préciser ce que disent (les dialogues), ce que ressentent (les sentiments), ce que font (les actions) les personnages.
Quand tu abordes un nouvel épisode, commence un nouveau paragraphe. Pour cela, tu changes de ligne et tu écris un peu en retrait de la marge.

- À la fin, tu indiques comment se termine le récit, la situation finale.

Un bon conseil

1 épisode = 1 paragraphe.

Je m'entraîne

1. Un épisode par paragraphe ♣

Lis ce texte. Replace ensuite les titres donnés à chaque paragraphe dans l'ordre de l'histoire.

TISTOU À L'ÉCOLE

Jusqu'à l'âge de huit ans, Tistou ignora l'école. Madame Mère avait préféré, en effet, commencer elle-même l'instruction de son fils et lui enseigner la lecture, l'écriture et le calcul. Les résultats, il faut en convenir, n'étaient pas mauvais. Grâce à de jolies images, achetées spécialement, la lettre A s'était installée dans la tête de Tistou sous l'apparence d'un Ane, puis d'une Alouette, puis d'un Aigle ; la lettre B sous la forme d'une Bille, d'une Boule, d'un Ballon, etc. Pour le calcul, on se servait d'hirondelles posées sur des fils électriques. Tistou avait appris non seulement à additionner et à soustraire, mais il parvenait à diviser, par exemple, sept hirondelles par deux fils… ce qui produit trois hirondelles et demie par fil. Comment une demi-hirondelle pouvait-elle tenir sur un fil électrique, cela c'est une autre affaire que tous les calculs du monde ne pouvaient expliquer !

Lorsque Tistou atteignit son huitième anniversaire, Madame Mère considéra que sa tâche était terminée et qu'il fallait confier Tistou à un véritable professeur.

On acheta donc à Tistou un très joli tablier à carreaux, des bottines neuves qui lui serraient les pieds, un cartable, un cahier à grandes lignes, un cahier à petites lignes, et on le fit conduire par le valet Carolus à l'école de Mirepoil qui avait très bonne réputation.

Tout le monde s'attendait à ce qu'un petit garçon aussi bien vêtu, qui avait des parents si beaux et si riches, et qui savait déjà diviser des hirondelles par moitiés et par quarts, tout le monde s'attendait à ce que ce petit garçon-là fit des merveilles en classe…

Hélas, hélas ! L'école eut sur Tistou un effet imprévisible et désastreux.

Lorsque s'ouvrait le lent défilé des lettres qui marchent au pas vers le tableau, lorsque commençait à se dérouler la longue chaîne des trois-fois-trois, des cinq-fois-cinq, des sept fois sept, Tistou éprouvait un picotement dans l'œil gauche et tombait bientôt profondément endormi.

Le premier jour d'école, Tistou rentra chez lui, les poches pleines de zéros.

Le second jour, il reçut en punition deux heures de retenue, c'est-à-dire qu'il resta deux heures à dormir dans la classe.

Au soir du troisième jour, le maître remit à Tistou une lettre pour son père.

Dans cette lettre, Monsieur Père eut la douleur de lire ces mots : *Monsieur, votre enfant n'est pas comme tout le monde. Il nous est impossible de le garder.* L'école renvoyait Tistou à ses parents.

Maurice Druon, *Tistou les pouces verts*, Le Livre de Poche Jeunesse, 2001.

Titres

A. Une lettre pour Monsieur Père
B. La décision : Tistou va aller à l'école
C. Tistou apprend à lire, à écrire, à compter
D. Deux heures de retenue
E. Tistou promis à un bel avenir
F. Des zéros pleins les poches
G. Tistou équipé en écolier
H. Un écolier peu attentif
I. Adieu l'école !
J. Un comportement étrange

2. Une histoire dans l'ordre ♣

Lis le texte en essayant de te souvenir de l'histoire.
Écris ensuite les phrases qui résument les épisodes dans l'ordre de l'histoire.

TIM ET GREEN

Aujourd'hui, je vais vous raconter l'histoire d'un petit garçon appelé Tim. Il aime les longues promenades en forêt. Il joue de la flûte. Quand il joue, sa musique est si ravissante que les animaux viennent de très loin pour l'entendre. Tim habite une maison nichée au milieu de la forêt. Souvent, Tim se promène au bord de la rivière qui coule tout près.

Aujourd'hui, il prépare sa canne à pêche afin d'apporter du poisson pour le dîner... Mais il est triste... À quoi pense Tim ?

— Pourquoi ne pas laisser les poissons vivre tranquillement dans cette jolie rivière ? dit-il tout bas... Jamais je ne pourrai me servir de ce méchant hameçon ! Je ne veux pas faire de mal aux poissons qui nagent si bien ! Mais que dira Maman quand je rapporterai mon panier vide à la maison ?

Tim soupire, puis il lance sa ligne. Quelques instants plus tard, le bouchon danse une ronde et s'enfonce : une touche ! Tim tire sur sa canne et voit un joli poisson remuer au bout de sa ligne... Le voilà ! Le magnifique poisson !

Il frétille désespérément… Tim ne peut supporter cela plus longtemps… Il décroche l'animal délicatement et le remet dans l'eau…

Le poisson, heureux et libéré, nage en formant des arabesques, puis il disparaît dans le courant…

Coa… Coa… Une grenouille verte saute devant Tim, étonné.

— Bonjour, Tim !

— Bonjour ! Comment t'appelles-tu ?

— Je m'appelle Green. Pourquoi es-tu si triste ? Tu devrais être heureux puisque tu as rendu la liberté à Poisson d'argent !

— Bien sûr, je suis très content, mais que vais-je rapporter à la maison ?

— Viens avec moi, Tim… Je vais te conduire dans un endroit magique où tu trouveras tout ce que tu désires…

Green saute devant Tim et lui montre le chemin. La forêt devient de plus en plus épaisse et, après une longue marche, Tim se trouve devant un endroit merveilleux…

Des arbres aux pommes grosses et rouges, aux oranges parfumées bordent une allée de mousse. Sur le sol, des champignons ronds et dorés inclinent leur chapeau. Ici, un arbre de caramel, là une source de chocolat, et, dans cette feuille de fougère, des tartes aux fraises embaument… Green saute sur les pieds de Tim et lui dit :

— Tu peux te servir, Tim ! Prends tout ce que tu désires et emplis ton panier. Mais je te demande de faire une promesse : ne révèle à personne l'existence de cet endroit, car il disparaîtrait pour toujours. Mais si tu gardes bien le secret, tu pourras revenir quand tu le voudras. Ainsi, tu laisseras la vie aux animaux que tu aimes…

À ces mots, la grenouille disparaît. Coa… Coa…

Depuis ce jour, Tim rapporte à la maison son panier plein de merveilles… Surtout, ne me demandez pas de vous conduire en cet endroit extraordinaire… Chut !

Jacqueline Pierre, DR.

Résumé des épisodes

A. Une grenouille apparaît.
B. Tim s'en va pêcher : il est triste.
C. Tim est un petit garçon qui habite dans une forêt.
D. Tim a pitié du poisson et le relâche.
E. Jour après jour, Tim rapporte chez lui des mets extraordinaires.
F. Tim n'a plus qu'à remplir son panier à condition de…
G. Tim attrape un poisson merveilleux.
H. Tim découvre un endroit magique.

3. Écris l'histoire ! ♣♣

Lis le début de cette histoire écrite par Jules ainsi que le résumé des différents épisodes et la fin, placés dans le désordre.

a) **Retrouve la fin puis l'ordre des épisodes.**

b) **Développe-les et écris-les.** Souviens-toi : un épisode par paragraphe.

UN SINGE AUDACIEUX

Début de l'histoire

Pirouette est un ouistiti. Il a été capturé et enfermé dans un zoo. Sa cage est étroite, il peut à peine se livrer à ses acrobaties habituelles. Il s'ennuie. Le temps lui paraît interminable. Les enfants qui le regardent avec curiosité l'amusaient au début mais plus maintenant.

Un jour, il imagine un plan qui lui permettra de s'évader ainsi que tous les autres animaux. Pour cela, il a besoin de l'aide de l'éléphant, Costaud, qui occupe la cage voisine. Pas de gardien à l'horizon. Pirouette fait signe à Costaud de s'approcher. Il lui raconte d'un air mystérieux que de nombreux animaux du zoo ont l'intention de s'évader. Ils seraient tous très contents si Costaud voulait bien les accompagner.

Résumé des différents épisodes et fin de l'histoire

A. L'éléphant s'inquiète ensuite de ce qui se passera pour les animaux hors du zoo.

B. Pour rassurer l'éléphant sur le déroulement de l'évasion, Pirouette a de bons arguments.

C. Ouistiti ne s'avoue pas battu devant cette nouvelle question.

D. Après une longue discussion, l'éléphant se laissera convaincre et acceptera de diriger l'opération.

E. L'idée de sortir de cette prison réjouit d'abord l'éléphant mais il demande à Ouistiti des explications sur le déroulement de l'évasion.

Récréation

Histoire sans queue ni tête ♣♣

Le jeu s'effectue par groupes de trois ou quatre élèves. Dans chaque groupe, un seul élève lit une histoire puis compte le nombre de paragraphes. Il découpe dans du papier cartonné autant de morceaux que de paragraphes. Les morceaux doivent se présenter comme les pièces d'un puzzle. Il écrit ensuite chaque paragraphe sur un des morceaux préparés.

Les autres élèves du groupe doivent reconstituer le puzzle et retrouver l'histoire. L'un d'entre eux la lit à voix haute pour la faire découvrir aux autres groupes.

J'enchaîne les idées de mon récit

Unité 5

Je découvre

Romane a écrit un texte qui raconte un après-midi à la montagne pendant la classe de neige.

1. Lis le texte et réponds aux questions

Nous montons sur le télésiège sans nous bousculer. Nous allons prendre un cours de ski. Le moniteur est gentil. Je me prépare pour avoir ma première étoile. Je suis très fatiguée. Nous goûtons. Nous faisons un bonhomme de neige. Nous faisons une course. C'est moi qui la gagne. Nous rentrons au chalet.

2. D'après toi, que faudrait-il ajouter pour connaître la durée et l'ordre des actions ?

3. Reprends le texte de Romane et écris-le de manière à mieux renseigner le lecteur sur le déroulement des actions.

J'observe

Voici un texte écrit par Mélanie après l'avoir amélioré et corrigé. Elle devait raconter une grande peur.

1. Lis le texte et réponds aux questions

Depuis deux ans, une petite fille de dix ans, Coline, habite dans une grande ville. Elle ne s'y plaît pas beaucoup : pas de bois, pas de parcs, un minable petit square pour toute distraction. Elle appréhende les vacances pendant lesquelles ses amies vont être parties. Elle va rester avec son frère de quatre ans, une véritable « peste » qui abîme toutes ses affaires.

Quelques jours avant les vacances, coup de théâtre. Son père lui annonce qu'elle est invitée chez ses cousins qui habitent une ferme en Normandie. Coline est folle de joie, d'autant plus qu'elle s'entend à merveille avec eux. « À dix ans, on peut prendre le train toute seule », affirme son père.

Une semaine plus tard, Coline est en vacances. Un des jeux préférés de ses cousins consiste à se séparer en deux camps et à tenter de ravir le « trésor » caché par la bande adverse. **Un après-midi**, elle s'aventure dans un bâtiment, en apparence désert, pour y cacher son « trésor ».

Soudain, elle entend un bruit de pas. Impossible de sortir sans être vue. Elle monte sur une vieille échelle et se retrouve dans une sorte de grenier. Elle avance doucement pour se dissimuler derrière une poutre. Mais **tout à coup**, le sol se dérobe sous elle. Elle tombe, tombe. Après un temps qui lui paraît très long, elle atterrit sur du foin qui amortit sa chute. Où est-elle ? Elle ne distingue rien, l'obscurité est complète. Impressionnée par le noir, elle se rappelle le feuilleton vu la veille à la télévision. Deux brigands torturaient des prisonniers dans un château en ruine.

Lorsque Coline se décide à se relever, un bruit de chaînes puis un soupir stoppent net son élan. Elle claque des dents, non de froid, mais de peur. **Puis** elle entend deux hommes qui discutent. « Il faut le tuer ce soir », dit l'un d'eux. « J'ai pris mes dispositions », répond l'autre. La panique l'envahit. Plus encore que les paroles, ce qui la frappe, c'est le ton sur lequel elles sont prononcées. Tuer semble être une chose habituelle pour ces hommes.

Au bout de plusieurs minutes qui paraissent interminables à la petite fille, les voix s'éloignent, une porte se referme en grinçant. Il faut qu'elle profite de ce moment pour s'enfuir sans tarder. Elle s'est habituée à l'obscurité. Elle doit être dans une grange, mais où est la porte ? Heureusement, elle aperçoit une cloison qui ne monte pas jusqu'au plafond. En entassant des bottes de foin, elle réussit à atteindre le haut des planches et à franchir la cloison.

Elle entend de nouveau la chaîne et les soupirs. **Alors**, elle se retourne et voit un cochon mangeant des trognons de choux, attaché à un anneau rouillé. Il lui faut **un instant** pour comprendre le quiproquo : les deux hommes parlaient du cochon ! Sans demander son reste, Coline se précipite vers la porte de la grange.

Enfin libre, elle court vers la ferme. Ses cousins sont rentrés **depuis longtemps**. « On te cherchait ! » crient-ils. Coline prend un air mystérieux et réplique : « J'ai trouvé une cachette formidable. »

2. Quel est le rôle des mots ou des expressions écrits en bleu dans le récit de Mélanie ?

3. Que se passerait-il si l'on supprimait ces mots ou ces expressions ?

4. Quels sont les mots ou les expressions indiquant à quel moment s'est passée une action ?

5. Quels sont ceux indiquant combien de temps environ a duré une action ?

Je fais le point

Dans un récit, il est important de donner des repères dans le temps à ton lecteur. Quels mots ou quelles expressions peux-tu employer ? En voici quelques-uns.

Repères temporels

Pour introduire le récit

- Il était une fois
- Cette histoire s'est passée
- Autrefois
- Cette année
- Ce jour-là...

Pour marquer l'apparition d'un événement nouveau

- Soudain
- Brusquement
- Tout à coup
- Un jour, une nuit...

Pour marquer les différentes étapes

- D'abord
- Ensuite
- Puis
- Alors
- Enfin...

Pour situer un événement par rapport à un autre

- Aujourd'hui
- Ce jour-là
- La veille
- Hier
- Le lendemain
- L'année précédente
- L'année suivante
- Quelque temps plus tard...

Pour indiquer la durée

- Toujours
- Jamais
- Longtemps
- Pendant une heure
- Toute la nuit, la journée
- Vite
- Sans arrêt...

Un bon conseil

Quand tu lis un récit, relève sur un carnet les indices temporels rencontrés. Tu pourras puiser dans ce répertoire quand tu en auras besoin.

Je m'entraîne

1. Au fil du récit ♣

Samy a terminé sa rédaction dont le sujet était : « Raconte l'arrivée d'un nouvel élève dans ta classe. » Mais il n'a pas mis de repères temporels.

Lis d'abord une fois le texte pour comprendre le récit.

Aide Samy en choisissant le bon repère parmi les deux propositions situées entre parenthèses.

(Demain matin – Hier matin), un nouvel élève est arrivé dans notre classe de CM1. Bizarre, au mois de mars. La directrice est venue nous le présenter. Il s'appelle Arthur Bidule. Bizarre aussi.

(Pendant – Longtemps) toute la matinée, Arthur n'a pas ouvert la bouche, les questions de la maîtresse sont restées sans réponse. Tous les élèves l'ont dévisagé. Non seulement son silence mais son allure nous étonnaient. Il était grand, maigre et vêtu d'un pantalon trop court, d'un pull trop large.

(Toujours – Lorsque) l'heure de la récréation arriva enfin, tout le monde entoura le nouveau pour faire sa connaissance. « Où étais-tu avant, quel sport aimes-tu ?… » Mais Arthur ne répondait pas, il fixait le sol, sans réaction. **(Au bout d'un moment – Le lendemain)**, les moqueries commencèrent : « T'es sourd ? Tu ne sais pas parler ?… » Énervés par son silence, les enfants de la bande de Théophile se mirent à lui tirer les cheveux, à le bousculer, à ricaner en le regardant.

(Brusquement – Soudain) un élève de CM1, Gabin, arriva vers Arthur en souriant : « Ça va, tu t'habitues ? » Arthur le regarda d'un air soulagé. Après avoir parlé un peu avec la bande, Gabin fit signe à Théophile de le rejoindre.

C'est **(plus tard – alors)** qu'il lui confia ce qui était arrivé à Arthur, son voisin de palier, deux semaines plus tôt. Ses parents avaient eu un accident de voiture et avaient été blessés. Ils étaient sortis de l'hôpital mais devaient rester encore un mois en convalescence dans un centre de rééducation. En attendant leur retour, Arthur vivait chez sa grand-mère, loin de son ancienne école et de ses amis. Les habits qu'il portait étaient ceux qui appartenaient autrefois à son père. Le jour de l'accident, Arthur avait été très choqué. Depuis, il ne s'intéressait plus à rien, ne disait pas un mot et mangeait à peine.

Ému, Théophile promit de tout faire pour qu'Arthur s'habitue à sa nouvelle école. Il en parla à tous les élèves. La classe mit tout en œuvre pour que leur nouveau copain soit moins malheureux. **(Dans la soirée – Au bout de quelques jours)**, Arthur commença timidement à parler, à jouer. **(Un mois plus tard – Alors)**, il était presque redevenu le petit garçon qu'il était **(avant – après)** l'accident.

2. Une drôle de farce ♣♣

Bastien a écrit un texte dont la consigne est : « Tu as fait une farce. Raconte-la. » Son récit va être difficile à comprendre pour le lecteur car il a oublié deux passages.

Mène ton enquête et trouve la place des deux passages situés après le texte.

J'ai dix ans et je m'appelle Bastien. C'est un mercredi après-midi et je m'ennuie. Je n'ai pas le droit de voir mes amis parce que je suis un peu malade. Je dois rester à la maison… J'ai fini mes devoirs et je n'ai pas envie de regarder la télé. Comment m'occuper ?

Au bout de trois sonneries, un homme me répond :

« Allô ! Bonjour, je suis monsieur Poilopate, je voudrais parler à monsieur Lapin.

— C'est lui, que puis-je pour vous ?

— Je vends des clapiers très bon marché. Je peux vous les porter à domicile.

Étonné, Monsieur Lapin me demande :

— Que voulez-vous que j'en fasse ?

— Combien d'enfants avez-vous ?

— Trois, mais de quoi vous mêlez-vous ?

— J'ai pensé que vous deviez être à l'étroit. Un clapier pour cinq personnes, ce n'est pas beaucoup.

Furieux, il rugit :

« Vous n'êtes pas monsieur Je-ne-sais-quoi, vous êtes un garnement. Vous devriez avoir honte de ce que vous faites ! Si j'étais vos parents, je vous dresserais.

— Au revoir monsieur Lapin. Pan ! »

Ma farce terminée, j'éclate de rire. Je suis réjoui à l'idée de raconter mon exploit à mes copains. Pourvu que monsieur Poilopate n'ait pas relevé mon numéro, sinon j'imagine la scène avec mes parents. Je passerais un sale quart d'heure.

Passages oubliés

A. Après avoir envisagé plusieurs jeux, je décide de faire une farce au téléphone. Aussitôt dit, aussitôt fait. Je regarde l'annuaire et choisis un nom bizarre : Lapin. Je compose le numéro et me prépare à prendre une voix d'adulte.

B. À ce moment, mon correspondant comprend que je me moque de lui.

3. Un récit embrouillé ♣♣

Ce récit est dans un désordre complet.

Lis-le et représente-toi la scène, raconte-la ou, même, dessine-la.
Puis en t'aidant des repères temporels et du sens reconstitue le récit en numérotant les passages.

PIERRE ET LE LOUP

A. Pierre s'amusait avec eux lorsque son grand-père arriva.

« C'est un endroit très dangereux, gronda-t-il fâché. Que ferais-tu si un loup sortait de la forêt ? »

Pierre répondit qu'il n'avait pas peur des loups, mais son grand-père l'emmena fermement par la main et referma à clé la porte du jardin.

B. Aussitôt, le chat et l'oiseau se réfugièrent dans l'arbre. Le canard, lui, poussa des « coin-coin » épouvantés et il se mit à courir.

C. Il était une fois un petit garçon qui s'appelait Pierre. Il passait ses vacances à la campagne chez son grand-père.

D. Le loup, prisonnier, se démena comme un fou. Mais plus il remuait, plus le nœud se resserrait autour de sa queue, car Pierre avait attaché l'autre extrémité de la corde à une branche.

E. Aussitôt, l'oiseau s'envola et se mit à papillonner autour des oreilles du loup : un coup d'aile par-ci, un coup d'aile par-là. Ah ! comme le loup aurait bien voulu l'attraper.

F. À peine la porte fermée, un grand loup gris apparut à la lisière de la forêt !

G. Le canard courut longtemps plus vite, de plus en plus vite, mais le loup le rejoignit facilement et n'en fit qu'une bouchée.

H. Un matin, il se glissa hors de la maison et alla se promener dans la prairie. Il y rencontra un oiseau, un canard et un chat.

I. Pendant ce temps, Pierre avait fait un nœud coulant à sa corde. Avec mille précautions, il fit descendre très doucement cette boucle et la glissa autour de la queue du loup.

J. À la fin, les chasseurs arrivèrent. Mais ils n'eurent plus qu'à emporter le loup.

K. Pierre avait assisté à tout le drame. Loin d'être effrayé, il courut à la maison, prit une longue corde, puis il escalada le mur du jardin. De là, il agrippa une branche du bouleau et se hissa, lui aussi, dans l'arbre. Alors, il chuchota à l'oiseau : « Va vite voltiger autour de la tête du loup, mais prends bien garde à ses dents ! »

L. Longtemps, Pierre tira de toutes ses forces. Il finit par attraper le loup.

D'après *Pierre et le Loup*.

D'abord, ensuite, enfin... ♣♣

Raconte ce que représente la bande dessinée. Écris l'histoire en pensant à utiliser des repères temporels pour marquer à quel moment et combien de temps les actions ont lieu.

UNE VRAIE TÊTE DE MULE

J'évalue mon récit

Pour vérifier que j'ai bien raconté une histoire, je pense à...

1. Présenter le lieu.
2. Présenter l'époque, le moment.
3. Présenter les personnages.
4. Présenter la situation au début de l'histoire.
5. Raconter un événement qui modifie la situation initiale.
6. Exposer au moins deux épisodes.
7. Écrire un paragraphe par épisode.
8. Raconter les différentes étapes de l'histoire dans l'ordre.
9. Utiliser des repères temporels pour marquer les différentes étapes du récit.
10. Présenter un événement qui conduit au dénouement.
11. Raconter comment se termine l'histoire.

Module C

J'écris de mieux en mieux

Ce module comprend trois unités.

J'améliore mon récit — Unité 6

Pour retenir l'attention de ton lecteur, ton récit doit être intéressant et vivant. Pour cela, il existe des astuces d'auteur. Par exemple, la « mise en scène » de l'histoire qui permet de présenter les personnages, de décrire les lieux de l'action. Mais il y en a bien d'autres... Tu vas les découvrir.

Je m'aide du dictionnaire et de la grammaire — Unité 7

Comment procèdes-tu pour corriger tes écrits ? Tu es parfois embarrassé ? Ne le sois plus : tu as au moins un allié à ta disposition : le dictionnaire. Évidemment, le dictionnaire contient des centaines de pages et des milliers de mots, les articles ne sont pas toujours faciles à comprendre... Pour que le dictionnaire n'ait plus de secrets pour toi, découvre son code (secret...).

Je vérifie l'orthographe — Unité 8

Si tu lis « Virgile aime les champs » ou « Virgile aime les chants », seule l'orthographe du dernier mot te permet de savoir si Virgile aime la campagne ou s'il aime chanter... ! Une lettre peut parfois tout changer et, pour te faire comprendre de ton lecteur, il est important de bien orthographier. « Oui, mais quel casse-tête ! » penses-tu certainement. En fait, sais-tu que presque tout le monde commet les mêmes fautes ? Si tu apprends à éviter ces fautes d'orthographe courantes, tu feras très vite de réels progrès. Cette unité est là pour t'aider.

J'améliore mon récit

Je découvre

Voici le brouillon d'une rédaction sur le sujet :
« Un petit garçon se prend pour un détective. Raconte une de ses enquêtes. »

1. Lis ce brouillon.

La sœur d'Auric a perdu son « doudou ». Elle pleure. Auric et sa maman cherchent le doudou partout.

Auric appelle ses copains pour leur demander de l'aide. Les enfants finissent par retrouver le doudou.

2. Trouve quelques moyens pour étoffer le brouillon précédent et rendre le texte plus agréable à lire.

Exemple : présenter les personnages.

J'observe

Voici le début de la meilleure rédaction de la classe sur le sujet donné plus haut. Elle a été écrite par Isaac qui a retravaillé son brouillon en tenant compte des conseils de l'enseignant.

1. Lis la rédaction et trouve des exemples d'éléments ajoutés.

UNE ENQUÊTE RÉUSSIE

Auric, neuf ans, a une petite sœur, Zoé. C'est un bébé, elle n'a que deux ans. Pour l'instant, Auric ne s'intéresse guère à elle et, même, il trouve qu'elle est du genre rabat-joie. Avec sa sieste, plus moyen d'aller se promener avant la fin de l'après-midi. En plus, pendant ce temps, pas de jeux bruyants.

Un jour, pendant sa sieste justement, Zoé se met à pleurer. Sa mère se précipite et constate qu'elle n'a plus son « doudou », le petit ours en peluche qui n'a plus de couleur à force d'être lavé et suçoté. Elle soulève la couette, regarde sous Zoé. Pas de doudou… La maman appelle Auric à son secours :

— Viens m'aider, le doudou de ta sœur a disparu.

Auric sait que Zoé ne peut se passer de son affreux doudou. Aussi, il jette un coup d'œil dans toutes les pièces. Mais le petit ours a bel et bien disparu.

Les pleurs de Zoé se sont transformés en hurlements. La maman s'énerve :

— Auric, j'espère au moins que ce n'est pas toi qui a caché le doudou de Zoé.

— Mais non, je te jure ! proteste Auric.

Puisqu'il en est ainsi, Auric décide alors d'appeler à l'aide sa bande, Lilou et Virgile, spécialistes des objets perdus :

— Allô ! Avis de recherche, je répète, avis de recherche, j'ai besoin de renforts.

— Reçu 5 sur 5. Nous arrivons.

[…]

2. Pour comprendre comment Isaac a procédé pour améliorer son récit, repère les éléments suivants.

a) Isaac donne des précisions sur les personnages. Prouve-le en donnant deux exemples.

b) Note deux ou trois phrases prononcées par les personnages et indique l'effet produit sur le lecteur.

c) Isaac évite de répéter les mêmes mots, il n'est pas un perroquet… Donne deux ou trois exemples de mots remplacés.
Exemple : « le bébé » pour « Zoé ».

d) Le récit d'Isaac comporte plusieurs étapes. Note quelques-unes de ces étapes dans l'ordre de l'histoire.

Je fais le point

Comment faire pour intéresser le lecteur ?
Voici quelques idées.

1re idée : présente les personnages, le lieu

Le lecteur doit pouvoir voir la scène.

- Indique les caractéristiques des personnages, leur âge, leur caractère.

Exemple : « Zoé a deux ans », elle est « du genre rabat-joie ».

- Donne des détails précis.

Exemple : le doudou est un « petit ours en peluche qui n'a plus de couleur... ».

2e idée : évite les répétitions

Au début, désigne le personnage par son nom ou par ce qu'il est (un homme, un chien, un enfant, etc.). Mais, ensuite, tu peux :

- remplacer les noms par un pronom.

Exemple : « il » à la place d'Auric.

- utiliser des mots ou des expressions de sens proche.

Exemple : les « amis », les « enfants », les « détectives » à la place d'Auric, de Lilou et de Virgile.

3e idée : prévois des rebondissements

Imagine des événements nouveaux, au minimum deux. Ménage le suspense : le lecteur doit se demander ce qui va se passer jusqu'à la fin.

Exemple : le doudou a disparu, la maman d'Auric accuse son fils, Auric cherche le doudou, etc.

Un bon conseil

N'hésite pas à travailler et à retravailler ton brouillon. Personne n'écrit un texte parfait du premier coup – même pas les écrivains célèbres !

4e idée : fais parler les personnages

Pour indiquer qu'un personnage parle, tu vas à la ligne et tu la commences par un tiret.

Lorsqu'un autre personnage prend la parole, tu entames une nouvelle ligne et tu la commences aussi par un tiret.

Tu écris les dialogues au présent de l'indicatif.

Exemple :

– Viens m'aider, le doudou de ta sœur a disparu.

Je m'entraîne

1. Qui a parlé ? ♣

Voici la fin de la rédaction d'Isaac. **Lis-la puis effectue le travail suivant.**

a) Note ce que dit chacun des personnages.

b) Note le verbe qui introduit chaque réplique.
Exemple : Auric *indique* le rôle de chacun.

Voilà les trois amis réunis. Auric, détective en chef, dirige les opérations. D'une voix ferme, il indique le rôle de chacun :

— Lilou, occupe-toi des deux chambres ; Virgile, toi, cherche dans le séjour, moi, je prends en charge la cuisine et le couloir.

Une fouille complète commence. Tout est passé au crible : les placards, les meubles, les moindres recoins.

Une heure plus tard, les enfants reviennent bredouilles. Mais Auric n'abandonne pas la partie. Il affirme :

— L'enquête n'est pas terminée. Si le doudou n'est pas à l'intérieur, il est à l'extérieur !

— C'est malin ! rétorque Lilou, tu crois que nous allons fouiller toutes les rues…

À ce moment, Zouzou, le petit chien d'Auric, arrive et montre qu'il a envie de jouer. Lilou se penche pour le caresser et elle aperçoit dans ses poils un bout de ruban tout abîmé. Elle s'écrie en montrant du doigt Zouzou :

— J'ai trouvé le coupable : le voici !

Auric n'en croit pas ses yeux. Ce ruban appartient au doudou de Zoé. Il se dirige vers le panier de Zouzou et, là, sous un coussin, il trouve le doudou tant cherché.

Triomphants, les enfants courent vers Zoé pour lui donner leur précieuse trouvaille. Les pleurs s'arrêtent comme par magie. La maman félicite les détectives et leur offre un goûter digne de leurs efforts. Encore une affaire qui se termine bien.

2. Donne-leur la parole ♣♣

Voici un texte dans lequel l'auteur indique ce que disent les personnages.

Réécris le texte en faisant parler les personnages.

Exemple : « La petite fille s'écria qu'elle voulait bien voir la ville » devient :
La petite fille s'écria :
– Je veux bien voir la ville.

ZOZO LA TORNADE

En Suède, on place un drapeau en haut d'un mât les jours de fête. Or, aujourd'hui, c'est la fête dans la ferme de Zozo, petit garçon de sept ans. Mais au moment où tout le monde est au pied du mât, le père de Zozo est appelé pour s'occuper d'un veau. Tous les adultes se dirigent vers l'étable.

Les enfants restèrent seuls près du mât, Ida renversa la tête en arrière et, clignant des yeux, regarda la grosse boule dorée au sommet. Elle s'exclama que c'était haut et que de là-haut, on voyait sûrement la ville. Zozo réfléchit un instant et dit qu'on pourrait vérifier. Il demanda à sa sœur si elle voulait qu'il la hisse là-haut.

La petite fille se mit à rire. Zozo avait toujours de si drôles d'idées ! Et quelle chance d'avoir un frère aussi gentil ! Elle s'écria qu'elle voulait bien voir la ville. D'un ton serviable, Zozo déclara qu'elle allait y aller. Il saisit le crochet qui servait à tenir le drapeau, et il le fixa à la ceinture d'Ida. Puis, de ses deux mains, il empoigna la corde. Ida cria au revoir. Elle s'éleva jusqu'au sommet du mât. Alors Zozo accrocha solidement la corde – comme son père faisait lorsqu'il avait hissé le drapeau – parce qu'il ne voulait pas que sa sœur puisse tomber et se faire mal.

Ida pendait donc là-haut, immobile et sage comme une image. Son frère cria pour lui demander si elle voyait la ville. La petite fille répondit qu'elle voyait seulement le village.

Zozo poussa un soupir déçu. Il demanda à sa sœur si elle voulait descendre. Ida lui cria qu'elle ne voulait pas parce que c'était amusant de voir le village. Elle ajouta qu'elle voyait les invités revenir.

D'après A. Lindgren, *Zozo la tornade*, Le Livre de Poche Jeunesse, 2001.

3. Comment le disent-ils ? ♣♣

Dans le texte suivant, tous les verbes qui introduisent les dialogues ont été remplacés par le verbe « dire ».

Retrouve le verbe utilisé par l'auteur en choisissant parmi les mots de la liste : supplie • bégaie • s'écrie • explique • menacé • grogné • se lamente • crie • raconte. Aide-toi du sens et de l'orthographe.

LA GRANDE MENACE

Tous les fantômes font peur. Tous les fantômes sauf un : Stanislas ! Stanislas ne fait pas peur, il fait rire.

Stanislas, ça ne le dérange pas trop. Faire peur aux gens, il n'aime pas. Seulement, voilà. Le Grand Conseil des fantômes n'est pas du tout content. Le Grand Conseil des fantômes regroupe les plus vieux fantômes de la planète. Ils sont ronchons et sévères. Ils ont fait venir Stanislas et ils ont **dit** (1) :

— C'est inadmissible ! Déshonneur !

Puis après avoir repris leur respiration, ils ont **dit** (2) :

— Si tu ne fais pas peur à un être vivant d'ici vingt-quatre heures, tu seras condamné au MIROIR DU DIABLE !

À ces mots, Stanislas se met à trembler. Il a entendu parler de cette punition. On passe devant le miroir du diable et fffffrrrrrttttt ! ! un grand feu vous saisit et vous êtes transformé en un tas de cendres fumantes.

— Non, pitié ! **dit** (3) Stanislas.

Mais les fantômes ne changent pas d'avis.

Les heures passent. Malgré tous ses efforts pour effrayer, Stanislas continue à provoquer le rire.

— C'est bien fini ! **dit** (4) Stanislas, je vais avoir droit au miroir du diable !...

Il remue ces tristes idées dans sa tête lorsqu'un petit chat s'arrête brusquement devant lui. Il fait le gros dos, sa queue enfle brusquement et il se met à cracher en reculant.

Un petit garçon intervient et, mécontent, **dit** (5) :

— Ben dis donc ! Ça va pas ? Pourquoi tu fais peur à mon chat ?

Stanislas est si stupéfait qu'il **dit** (6) :

— Euh ! euh !... ré-ré-pè-pè-te ! ce-ce que tu-tu as ddit !...

— TU FAIS PEUR À MON CHAT ! **dit** (7) le petit garçon de toutes ses forces.

Soudain, le petit fantôme se jette en l'air, retombe par terre, rebondit comme un ballon et pousse des cris.

Le petit garçon stupéfait le regarde faire sans bouger. Enfin, à bout de souffle, Stanislas se retrouve sur ses pieds et **dit** (8) toute son histoire. Il **dit** (9) :

— Tu comprends, les vieux fantômes m'ont demandé de faire peur à un être vivant… Je n'avais pas pensé à un chat. J'ai fait ce qu'on m'a demandé. Je suis sauvé.

R. Boudet, DR.

4. Échange les mots (1) ♣

Pour chaque mot de la liste 1, **retrouve un mot de sens proche** dans la liste 2.

Liste 1	Liste 2
audacieux	autoriser
décorer	adversaire
chuchoter	virage
permettre	tourmente
commencer	hardi
ennemi	vigueur
force	murmurer
bourrasque	convaincre
tournant	orner
persuader	débuter

5. Échange les mots (2) ♣

Pour chaque mot de la liste 1, **retrouve un mot de sens proche** dans la liste 2.

Liste 1	Liste 2
détester	captif
inquiet	erreur
faute	érafler
utiliser	minuscule
petit	rédiger
paisible	haïr
écrire	calme
prisonnier	anxieux
étroit	exigu
griffer	employer

6. Un mot chasse l'autre ♣♣

Lis ce texte puis remplace les mots en bleu par un mot de sens proche en t'aidant des mots de la liste : **taper • lancer • paisible • fatigant • jurer • réellement • seconde • vacarme • plancher • affirmer.**
Lorsque le mot est un verbe, il est mis à l'infinitif. À toi de l'accorder à l'aide de l'orthographe du mot employé.

UN GARÇON BRUYANT

Joachim, neuf ans, habite au sixième étage d'un grand immeuble moderne. Tous les soirs, en se déshabillant, il **envoie** ses chaussures à travers la chambre. Naturellement, cela fait « boum, boum » puisque le petit garçon a deux pieds… Le bruit réveille le voisin du dessous qui se couche tôt.

Un jour, excédé par le **tapage**, le voisin vient se plaindre. Joachim **promet** de ne pas recommencer.

Quelque temps plus tard, Joachim revient chez lui après un match de football **exténuant**. Il s'assied sur son lit, délace sa chaussure de droite et la lance brusquement. Se rappelant alors sa promesse, il retire doucement sa deuxième chaussure et la pose délicatement sur le **sol**. Il s'endort, la conscience **tranquille**.

Soudain, à minuit, la sonnette d'entrée réveille le petit garçon, des coups sont **frappés** dans la porte et la voix furieuse du voisin se plaint au père de Joachim. Il lui **dit** que son fils a encore envoyé une de ses chaussures à travers sa chambre et que, depuis deux heures, il attend pour s'endormir d'entendre la **deuxième** chaussure.

Quand son père entre dans sa chambre pour lui demander des explications, Joachim fait semblant de dormir. À force de faire semblant, il s'endort **vraiment** et rêve qu'il bombarde le voisin avec un tas de vieilles chaussures.

Inédit.

7. Manie les pronoms personnels ♣

Les pronoms personnels permettent de ne pas répéter le nom ou les noms des personnages. Jade a écrit une rédaction dont le sujet est : « Quand on est petit, on croit que tout est possible. » **Raconte une histoire** où des enfants inventent quelque chose d'extraordinaire.
Remplace les noms en bleu par un des pronoms personnels suivants :
nous • elle • ils.

ESTHER ET MOI

Bonjour, je m'appelle Maud. Cette année, ma grande sœur, Esther, est entrée au CP. **Esther** n'est plus dans la même école que moi puisque je suis en grande section de maternelle. Il y a un problème. L'école d'Esther est loin de la mienne. Les adultes n'ont jamais pensé qu'il était impossible de se trouver à deux endroits différents à la même heure, **les adultes** ne sont vraiment pas malins… Pour ne pas faire de jaloux, tantôt ma maman vient me chercher la première. Je suis très contente mais Esther est triste. **Esther** voit partir tous ses copains et reste seule dans le préau. Tantôt, ma maman commence par prendre ma sœur mais, là, c'est moi qui attends et j'ai très envie de pleurer.

Cette situation ne peut plus durer. Esther et moi décidons de prendre les choses en main et d'inventer un engin magique pour nous déplacer. Chacune d'entre nous dessine et explique le fonctionnement de sa découverte. Après quelques disputes, **Esther et moi** nous mettons d'accord. Notre engin sera une soucoupe qui s'élèvera dans les airs. Ainsi, **Esther et moi** éviterons les embouteillages. Pour ne pas surcharger notre engin, deux grandes personnes et deux enfants pourront monter à bord, pas plus. Notre machine avancera grâce à un moteur électrique pour protéger l'environnement. Chaque soir, ma sœur rechargera la batterie.

Esther et moi nous assiérons tout autour de la soucoupe, attachées sur de petits sièges peu encombrants. **Esther et moi** prévoyons d'abord trois directions : mon école, son école, notre maison. Puis, en pensant à nos parents, toujours pressés le matin, Esther et moi ajoutons deux boutons : bureau maman, bureau papa. Nos parents arriveront à l'heure puisque chaque distance s'effectuera en deux secondes selon nos calculs. **Nos parents** seront ravis.

Bien sûr, il reste à fabriquer notre engin. Nous trouverons bien quelqu'un qui comprendra nos plans. Un soir, après la classe, en attendant maman, je rêve à la machine. Soudain une question me traverse l'esprit : où la garer ? Il n'y a jamais de place dans notre quartier. Je vais en discuter avec ma sœur, **ma sœur** trouvera une solution.

Récréation

Voici des phrases. Elles sont vraiment trop courtes. ♣♣

Développe les phrases à l'aide des questions ci-dessous.
Tu dois au moins utiliser deux de ces questions.

1. Le prince rencontre une femme.
2. La sorcière demande de l'aide.
3. L'ogre se réveille.
4. L'enfant rêve.
5. Le pirate attaque.
6. La fée exauce le souhait.
7. Le loup attend sa proie.
8. Les enfants construisent un château.
9. Jeannot Lapin se cache.
10. Le chien cherche son os.

- **Qui ou à qui ?**
- **Quoi ?**
- **Quand ?**
- **Comment ?**
- **Pourquoi ?**
- **Où ?**
- **À quoi cela ressemble-t-il ?**
- **Que ressent le personnage ?**
- **Quelles conséquences ?**

Exemple : Un prince rencontre une vieille femme au cœur de la forêt en pleine nuit.

Unité 7

Je m'aide du dictionnaire et de la grammaire

Je découvre

Méline voudrait vérifier l'orthographe d'un mot dans le dictionnaire. Elle cherche le mot mais elle tâtonne. Donne-lui un ou deux conseils pour mieux utiliser le dictionnaire.

1. Regarde cette double page de dictionnaire. Quel est le rôle des mots ou les groupes de lettres mentionnés en haut de la page ?

B boniment — *LE ROBERT JUNIOR*

boniment n. m. ✦ Mensonges faits pour essayer de convaincre. *Ne crois pas ce qu'il raconte, c'est du boniment.* → fam. **baratin** et aussi **bobard.**

bonjour n. m. ✦ Mot que l'on dit pour saluer quelqu'un que l'on rencontre pour la première fois de la journée. ❑ contr. **au revoir.** *Il m'a dit bonjour. Bonjour, madame.* — *C'est simple comme bonjour,* c'est très simple.
▷ Mot de la famille de ① BON et de JOUR.

bon marché adj. inv. ✦ Pas cher. *Ces chaussures sont bon marché.*
▷ Mot de la famille de ① BON et de MARCHÉ.

bonne n. f. ✦ Employée de maison. → **domestique.**
● Ce mot ne s'emploie plus beaucoup.
▷ Mot de la famille de ① BON.

bonne femme n. f. ✦ Familier. Femme. → aussi **bonhomme.** *J'ai rencontré deux bonnes femmes que je connaissais.*
▷ Mot de la famille de ① BON et de FEMME.

bonnement adv. ✦ *Tout bonnement,* tout simplement. *J'ai dit tout bonnement ce que je pensais.*
▷ Mot de la famille de ① BON.

bonnet n. m. ✦ Coiffure souple sans bord. *Un bonnet de laine.*
➤ **bonneterie** n. f. ✦ Fabrication et commerce de vêtements fabriqués en tissu à mailles. *La lingerie, les collants, les chaussettes sont des articles de bonneterie.*

bonsaï [bɔ̃zaj] n. m. ✦ Arbre nain cultivé en pot. — Au pl. *Des bonsaïs.*
● *Bonsai* est un mot japonais qui veut dire « arbre en pot ».

bonsoir n. m. ✦ Mot que l'on dit pour saluer quelqu'un le soir, quand on le rencontre ou quand on le quitte. *Bonsoir Léa ! Théo nous a dit bonsoir en partant.* → aussi **bonjour.**
▷ Mot de la famille de ① BON et de SOIR.

bonté n. f. ✦ Qualité d'une personne généreuse avec les autres, gentille et indulgente. ❑ contr. **méchanceté.** *C'est une femme d'une grande bonté.* — *Auriez-vous la bonté de m'aider à porter cette caisse ?* auriez-vous l'amabilité, la gentillesse de le faire ?
▷ Mot de la famille de ① BON.

bonus [bɔnys] n. m. ✦ Réduction que fait un assureur à un conducteur qui n'a pas eu d'accident. ❑ contr. **malus.** *Avoir un bonus.*

bon vivant n. m. ✦ Homme d'humeur gaie, qui aime les plaisirs de la vie. *Les bons vivants aiment bien manger et boire.*
▷ Mot de la famille de ① BON et de ① VIVRE.

bonze n. m. ✦ Moine bouddhiste.

boomerang [bumʀɑ̃g] n. m. ✦ Morceau de bois dur recourbé qui revient vers celui qui l'a lancé si le but n'est pas atteint.
● Ce mot anglais vient d'une langue australienne.

boomerang

① **bord** n. m. 1. Côté, contour, limite de quelque chose. *À ras bord,* jusqu'en haut. *Il a rempli son verre jusqu'au bord. Des coquelicots poussent au bord de la route,* sur le côté de la route. *Elle passe ses vacances au bord de la mer,* dans une région qui est le long de la mer, sur la côte. 2. *Léa est au bord des larmes,* elle est tout près de pleurer.
▷ Autres mots de la famille : ABORD, ABORDABLE, ① ABORDER, BORDER, BORDIER, BORDURE, DÉBORDÉ, DÉBORDEMENT, DÉBORDER, INABORDABLE, REBORD.

② **bord** n. m. ✦ *À bord,* dans un bateau, un avion ou une voiture. *Les passagers de l'avion sont montés à bord,* dans l'avion.
▷ Autres mots de la famille : ABORDAGE, ② ABORDER, HORS-BORD.

bordeaux n. m. et adj.
■ n. m. Vin rouge ou blanc de la région de Bordeaux.
■ adj. Rouge foncé. ➠ planche Couleurs p. 226. *Une jupe, des mocassins bordeaux.*

106

DE LA LANGUE FRANÇAISE — botte B

border v. (conjug. 1) 1. Être sur le bord de quelque chose. *Des platanes bordent la route.* — *Un mouchoir bordé de dentelle,* qui a de la dentelle sur les bords, garni de dentelle. 2. *Border son lit,* c'est replier le bord des draps et des couvertures sous le matelas.
▷ Mot de la famille de ① BORD.

bordier n. m. ✦ Riverain.
● Ce mot est employé en Suisse.
▷ Mot de la famille de ① BORD.

bordure n. f. 1. Ce qui forme le bord de quelque chose. *La pelouse est entourée d'une bordure de fleurs,* il y a des fleurs autour. 2. *En bordure de,* le long de. *La maison est en bordure de la rivière.*
▷ Mot de la famille de ① BORD.

boréal, boréale adj. ✦ Qui est au nord du globe terrestre. *L'hémisphère boréal.* → **nord.** ❑ contr. **austral.** *Les régions boréales,* qui sont près du pôle Nord. → **arctique.** — Au masc. pl. *boréaux.*

borgne adj. ✦ Qui ne voit plus que d'un œil. → aussi **aveugle.**
▷ Autre mot de la famille : ÉBORGNER.

borne n. f. 1. Bloc de pierre ou de ciment qui indique la fin d'un terrain ou sert à le mesurer. *Il y a des bornes kilométriques tous les kilomètres, au bord des routes.* 2. *Les bornes,* les limites. *Ma patience a des bornes ! Attention, tu dépasses les bornes,* tu exagères.
➤ se **borner** v. (conjug. 1) ✦ *Se borner à,* se contenter de, se limiter à. *Il n'a pas lu le livre entièrement, il s'est borné à regarder la première et la dernière page.*

➤ **borné, bornée** adj. ✦ *Une personne bornée,* qui a l'esprit étroit, ne comprend pas les idées qui ne sont pas les mêmes que les siennes. → ② **obtus.** ❑ contr. **ouvert.**

bosquet n. m. ✦ Petit groupe d'arbres ou d'arbustes.
● Ce mot vient de l'ancien provençal *bosc* qui veut dire « bois ».

bosse n. f. 1. Boule qui se forme sous la peau après un choc. *Paul s'est fait une bosse au front en se cognant.* 2. Grosseur anormale dans le dos due à une déformation de la colonne vertébrale. → aussi **bossu.** 3. Petite partie arrondie en relief sur le dos d'un animal. *Le chameau a deux bosses.* 4. Partie bombée d'un terrain. *La route est pleine de creux et de bosses.* 5. Familier. *Avoir la bosse des maths,* être doué en maths.
➤ **bossu, bossue** adj. ✦ Qui a une bosse dans le dos. — N. *Un bossu, une bossue.*
▷ Autre mot de la famille : CABOSSÉ.

botanique n. f. et adj.
■ n. f. *La botanique,* c'est la science qui étudie les végétaux.
■ adj. *Un jardin botanique,* c'est un jardin où l'on cultive de nombreuses espèces de plantes et d'arbres.

① **botte** n. f. ✦ Assemblage de légumes dont les tiges sont liées ensemble. *Une botte de radis, d'asperges.*

② **botte** n. f. ✦ Chaussure montante qui couvre la jambe. *Des bottes en caoutchouc.*
➤ **botté, bottée** adj. ✦ Qui porte des bottes. *Le Chat botté. Des cavaliers bottés de cuir.*
➤ **bottillon** n. m. ✦ Botte courte. *Des bottillons fourrés.*

107

2. Regarde cet article de dictionnaire. Note quelques-uns des renseignements donnés.

> **épisode** **n. m. 1.** Moment particulier d'un livre, d'un film. *Dans ce livre, il y a des épisodes très drôles.* → **passage. 2.** Partie d'une série, division d'un feuilleton. *J'ai raté le troisième épisode du feuilleton télévisé.*

Le Robert Junior, Dictionnaire Le Robert.

J'observe

1. Où est le mot ?

Reporte-toi à la double page du dictionnaire *Le Robert Junior*, p. 106-107.

a) Indique si les mots suivants se trouvent dans cette page.
bizarre • brasse • bosse • boue • bouchon • botte • bord • bouclier • bonhomme • bouc • bolide.

b) Pour les mots qui ne figurent pas dans la double page, précise si le lecteur doit chercher :
- avant la page 106 ;
- après la page 107.

2. Fais parler l'article du dictionnaire

Reporte-toi à l'article consacré au mot « épisode », p. 364 du dictionnaire *Le Robert Junior*. Explique ce mot comme si tu voulais le présenter à quelqu'un, c'est-à-dire fais des phrases, traduis les abréviations. Voici le début :
« Épisode » s'écrit é.p.i.s.o.d.e. Il a deux sens. Dans son premier sens, il signifie « moment particulier d'un livre, d'un film »...

Je fais le point

Consulte un dictionnaire

Pour consulter le dictionnaire, il te suffit de connaître l'ordre alphabétique : a, b, c, etc. C'est dans cet ordre que les mots y sont classés.

Ouvre le dictionnaire à la bonne page

Pour ne pas t'égarer dans le dictionnaire, regarde les mots (ou parfois les lettres) en haut des pages. Le mot se situant en haut de la page de gauche est le premier mot de cette page, celui se situant en haut de la page de droite est le dernier mot de cette page.

Trouve le bon renseignement

Un article de dictionnaire comporte de nombreuses informations. Les codes et symboles : caractères d'imprimerie utilisés, signes (→, ➤, etc.), numérotation, abréviations, permettent de distinguer les différents renseignements. Voici ce que tu trouves généralement.

- Le mot, donc son **orthographe**.
- La **prononciation**, souvent transcrite en alphabet phonétique international. Si tu ne connais pas cet alphabet, reporte-toi au début du dictionnaire.

Exemple : faon se prononce [fã].

- Des **indications grammaticales** : la nature du mot, c'est-à-dire son identité (nom, verbe, adjectif, etc.) ; pour les noms, le genre (nom masculin ou féminin) ; pour les verbes, le groupe (1er, 2e ou 3e groupe). Ces informations sont données en abrégé car le dictionnaire contient des centaines de mots et la place est limitée…

Exemple : n.m. dans le mot épisode signifie nom masculin.

- Le premier **sens** du mot, sa définition, suivi d'un **exemple** qui l'illustre et permet de mieux le comprendre ;
- des synonymes, **mots de sens voisin** ;
- des antonymes, **mots de sens contraire** ;
- des dérivés, **mots de la même famille** ;
- le **niveau de langue** : le mot est-il familier, vieilli ? (Dans une rédaction, évite les mots familiers, sauf si tu fais parler un camarade.)

Un bon conseil

Au début du dictionnaire se trouve la signification des abréviations utilisées : n'hésite pas à t'y reporter. Les exemples sont presque toujours écrits en caractères italiques, il est facile de les repérer.

- Les **autres sens du mot**, s'il en existe. Dans ce cas, un numéro annonce chaque nouveau sens.
Exemple : Le mot « épisode » a deux sens ; l'exemple pour le premier sens est « Dans ce livre, il y a des épisodes très drôles » ; « passage » est un mot de sens proche du premier sens ; « épisodique » est un mot de la même famille...

Consulte une grammaire

Le livre de grammaire comporte un sommaire et, souvent, un index. L'index, classé par ordre alphabétique comme le dictionnaire, est pratique pour chercher rapidement un renseignement.
Exemple : Tu veux savoir quel accent utiliser, tu cherches à « Accent » à la lettre A de l'index alphabétique page 81.

Je m'entraîne

1. A, B, C... ♣

a) Écris les vingt lettres suivantes dans l'ordre alphabétique.

X – D – M – B – J – E – H – R – P – U – C – Y – N – Q – O – G – H – A – G – K.

b) Note la lettre qui précède et celle qui suit les lettres suivantes.

G – C – P – D – F – Y – Q – B – T – V.

2. E, F, G... ♣

a) Classe chaque série de mots par ordre alphabétique.
b) Quelle particularité présentent les mots des séries 2, 3, 4 ?

1	2	3	4
lettre voyage promenade chocolat danse	menace mystère matin métro musicien	capable cacher caractère casser cahier	douze double douane doux douzaine

3. Langage codé ♣♣

Les renseignements grammaticaux se présentent sous forme d'abréviations dans le dictionnaire.

Indique les abréviations utilisées pour les mots suivants.

- Adjectif
- Nom masculin
- Nom féminin
- Verbe
- Article
- Pronom
- Familier

4. Réponse à tout ♣

Aide Adam à trouver les informations dans cet article de dictionnaire.

légende **n. f. 1.** Récit merveilleux que les gens se transmettent de génération en génération. → **conte,** ① **histoire.** *La légende dit que le château est hanté.* **2.** Petit texte qui explique l'image, sous une photo ou un dessin. *La légende indique qu'il s'agit de Paris, en 1920.*

➤ **légendaire** **adj. 1.** Qui n'existe que dans les légendes. *L'ogre est un personnage légendaire.* → **fabuleux, imaginaire.** ⊐ contr. **historique. 2.** Bien connu. *Ses colères sont légendaires.* → **célèbre.**

Le Robert Junior, Dictionnaire Le Robert.

a) **Combien de sens a le mot *légende* ?**
b) **Comment savoir qu'un nouveau sens va être abordé ?**
c) **Quelle est la nature du mot ?**
d) **Quel est son genre ?**
e) **Comment distinguer les exemples des définitions ?**
f) **Quel est l'exemple donné pour le deuxième sens ?**
g) **Quel mot a un sens proche du mot *légende* pris dans son premier sens ?**
h) **Existe-t-il un mot de la même famille ?**
i) **Dans quel sens le mot *légende* est-il utilisé dans les phrases suivantes ?**

Les légendes des illustrations sont intéressantes.
Je viens de terminer une légende, je te recommande sa lecture.

j) **Quelle est la nature du mot *légendaire* ?**

5. Vrai ou faux ? ♣♣

Vrai ou faux ? Découvre la réponse dans le dictionnaire.

1. Une escouade est une fugue.
2. Un embargo est un naufrage.
3. Une laie est un animal.
4. Un flamant est un arbre.
5. Une griotte est un fruit.
6. Électricité est un nom masculin.
7. Argent est un nom féminin.
8. Pinailler est un terme familier.
9. Pendule est toujours un nom féminin.
10. Prodige n'a qu'un seul sens.

6. Des mots de remplacement ♣♣

Remplace les mots soulignés par un mot de sens proche, un synonyme, en consultant un dictionnaire.

1. Un trésor est dissimulé dans la grotte.
2. L'écureuil joue à faire tomber des noisettes sur la tête des promeneurs.
3. Carla aime se baigner dans la rivière.
4. Le maçon bâtit un mur.
5. Les voitures dérapent sur le sol glacé.

7. Choisis le sens du mot dans la phrase ♣♣

Tu as vu que certains mots pouvaient avoir plusieurs sens.
Indique dans quel sens (1, 2, 3) sont employés les mots soulignés dans les phrases proposées.

Lit	La Seine a quitté son lit lors des récentes inondations. Sens n° 1 : meuble sur lequel on se couche pour dormir ou se reposer. Sens n° 2 : chenal creusé par un cours d'eau où celui-ci s'écoule.
Pavillon	Le paquebot navigue sous le pavillon japonais. Sens n° 1 : petit bâtiment isolé, petite maison. Sens n° 2 : petit drapeau pour indiquer la nationalité d'un navire ou pour effectuer des signaux. Sens n° 3 : partie visible de l'oreille.
Manchette	La presse a consacré des manchettes importantes aux incendies de forêt. Sens n° 1 : bande de toile, de mousseline, de dentelle, adaptée aux poignets d'une chemise. Sens n° 2 : coup donné avec l'avant-bras. Sens n° 3 : titre écrit en gros caractères dans un journal.

8. Interroge ton livre de grammaire ♣

Jérémie prépare une affiche sur les dinosaures. Pas question de faire de faute : l'affiche va être vue par toute la classe et d'autres... Pour s'assurer qu'il n'a pas fait d'erreur, il consulte l'index de son livre de grammaire.

Indique-lui à quelle(s) page(s) ouvrir le livre pour avoir les renseignements qu'il souhaite. Précise le mot qui guide ta recherche dans chaque cas.

Exemple : Le mot « futur » dans le premier cas.

1. Jérémie ne sait plus comment se termine la troisième personne du pluriel au futur.

2. Jérémie se demande comment s'écrit l'adjectif démonstratif dans la phrase : « ... animaux ont disparu de la planète ».

3. Jérémie désire écrire l'adjectif possessif « leur » dans la phrase : « ... griffes sont acérées ».

4. Jérémie s'interroge : l'adjectif numéral « cinquante » est-il variable ou invariable ?

5. Jérémie veut utiliser un comparatif.

6. Jérémie se demande si « devenir » est un auxiliaire.

INDEX ALPHABÉTIQUE

D'après H. Mitterand, J. Pagès-Pindon, R. Schmitt, *Langue française*, éd. Nathan.

Récréation

1. Code secret ♣

Les membres de l'équipe des risque-tout ont un code secret. Le voici.
A = 1, B = 2, C = 3, etc.

Découvre vite leur message. Le stop sert à séparer les mots.

12 – 5 – stop – 20 – 18 – 5 – 19 – 15 – 18 – stop – 5 – 19 – 20 – stop – 3 – 1 – 3 – 8 – 5 – stop – 4 – 1 – 14 – 19 – stop – 21– 14 – stop – 19 – 15 – 21 – 20 – 5 – 18 – 18 – 1 – 9 – 14 – stop – 16 – 18 – 5 – 19 – stop – 4 – 21 – stop – 3 – 8 – 1 – 20 – 5 – 1 – 21 – stop final.

2. De âne à zèbre ♣♣♣

Voici un petit jeu qui peut se jouer à deux ou beaucoup plus…

Le premier joueur commence : « Aujourd'hui, j'ai vu un âne. » Le deuxième doit poursuivre en donnant un nom d'animal qui commence par la lettre « B », et ainsi de suite… Le joueur qui ne trouve pas est éliminé.

Le gagnant est celui qui reste le dernier. Ce jeu peut se faire avec des noms de pays, de chanteurs, de comédiens, etc.

3. Le petit bac ♣♣♣

Ce jeu s'appelle « le petit bac ».

Les joueurs préparent, sur une feuille, cinq colonnes en haut desquelles ils écrivent : animaux, fleurs, fruits (ou arbres), villes, pays, personnages célèbres. Un joueur désigne au hasard une lettre dans un livre. Il s'agit, en dix minutes, de trouver des noms d'animaux, de fleurs, etc. qui commencent par cette lettre.
Le gagnant est celui qui a trouvé le plus de mots.

Je vérifie l'orthographe

Unité 8

Je découvre

1. Lis ces deux phrases. Ont-elles la même signification ? Pourquoi ?

« Je suis allée au cirque. »
« Je suis allé au cirque. »

2. Lis cette phrase. Quand l'action a-t-elle lieu : avant (dans le passé), maintenant (dans le présent), après (dans le futur) ? Comment le sais-tu ?

« Adèle partira au mois de juillet en centre de vacances. »

3. Voici des mots qui se prononcent de la même façon mais qui s'écrivent différemment, des homophones. Choisis-en trois et écris-les dans des phrases en inversant l'orthographe. Emploie-les de manière à provoquer un véritable quiproquo chez ton lecteur. Cela risque d'être amusant.

Exemple : La mer conduit les enfants à l'école.

- mer (océan) et mère (maman) ;
- poing (partie de la main) et point (signe de ponctuation) ;
- ballet (danse) et balai (pour faire le ménage) ;
- faim (besoin de manger) et fin (terminaison) ;
- ver (de terre), verre (pour boire) ;
- cane (femelle de canard) et canne (pour s'appuyer).

J'observe

Voici des mots que tu écris assez souvent. Leur orthographe est difficile. Essaie de mémoriser trois ou quatre mots dans chaque série. Comment procèdes-tu ? Tu les épelles ? Tu les regardes une fois, plusieurs fois ? Tu les écris ? As-tu d'autres stratégies ?

Des parties du corps : le pied • le bras • la main • le nez • le genou • l'épaule • l'œil • la langue.

Des habitations : l'immeuble • le château • la maison • l'appartement.

1. Pour voir si tu as bien retenu les mots choisis, écris-les sans regarder ton livre.

2. Tu vas jouer les détectives pour connaître la stratégie qui te permet d'apprendre plus facilement. Pour cela, note la réponse (1, 2 ou 3) correspondant à ce que tu préfères.

a) Lorsque tu peux choisir une activité, tu préfères :
1. Écouter de la musique ;
2. Peindre, dessiner ;
3. Faire du sport, de la danse.

b) Quand quelqu'un te montre comment procéder pour faire quelque chose, tu préfères :
1. Écouter, puis te répéter les explications ;
2. Suivre du regard comment la personne s'y prend ;
3. Répéter les gestes de la personne.

c) Quand tu construis une maquette, un jeu... :
1. Tu regardes d'abord les croquis qui se trouvent dans le mode d'emploi.
2. Tu lis d'abord les explications du mode d'emploi.
3. Tu fais des essais sans regarder le mode d'emploi.

d) Quand tu as un nouveau copain :
1. Tu aimes le décrire comme si tu faisais son portrait (son allure, sa taille, ses vêtements, etc.).
2. Tu aimes parler de ce qu'il a dit.
3. Tu aimes mimer ses gestes, sa démarche.

e) À la télévision, tu préfères :
1. Les émissions de variétés dans lesquelles tu entends des chanteurs, de la musique.
2. Les reportages, tu peux ensuite décrire précisément ce que tu as vu.
3. Les films d'aventures contenant beaucoup d'actions.

Compte le nombre de réponses 1, 2 et 3.
Si tu as trois réponses 1 ou plus, tu es plutôt « photographe ».
Si tu as trois réponses 2 ou plus, tu es plutôt « parolier ».
Si tu as trois réponses 3 ou plus, tu es plutôt « réalisateur ».
Découvre dans « Je fais le point » comment tirer parti au mieux de ta manière de procéder.

Je fais le point

Comment retenir tous ces mots qui se brouillent parfois dans ta tête ?

Un bon conseil

– Si tu es **photographe,** ta stratégie préférée est de regarder et de revoir.
– Si tu es **parolier,** ta stratégie préférée est d'écouter et de redire.
– Si tu es **réalisateur,** ta stratégie préférée est d'agir et d'écrire.
Utilise en priorité ta stratégie pour comprendre, pour apprendre. Mais double tes chances en t'entraînant à combiner toutes les stratégies : regarder, dire, écrire. Deviens cinéaste : enregistre les paroles, les images et les actions.

Tu es photographe

- « Photographie » le mot des yeux.
- Cache le mot et revois-le dans ta tête. Si la « photographie » est floue, regarde de nouveau le modèle.
- Vérifie si tu ne t'es pas trompé en revenant au mot.

Tu es parolier

- Épelle le mot à voix haute si tu ne déranges personne ; sinon, épelle-le à voix basse. Prononce bien les lettres en les détachant.
- Cache ensuite le mot et épelle-le à voix haute ou à voix basse. Si tu hésites, retourne au modèle.
- Vérifie si tu ne t'es pas trompé en revenant au mot.

Tu es réalisateur

- Écris le mot en le regardant.
- Écris le mot sans le regarder.
- Vérifie si tu ne t'es pas trompé en revenant au mot.

Tu peux procéder de même pour l'apprentissage des conjugaisons en insistant sur les terminaisons des verbes.

Je m'entraîne

1. Comment les reconnaître ? ♣

Trouve comment reconnaître les mots (1, 2...) en les associant à un des procédés indiqués (A, B...).

Mots

1. Le nom propre
2. Le nom commun
3. L'adjectif qualificatif
4. Le sujet
5. Le verbe

Procédés et exemples

A. Pour le trouver dans une phrase, tu peux te poser la question : de qui ou de quoi parle-t-on ? Il peut s'agir d'une personne, d'un animal, d'un objet.
Exemple : La **souris** se cache dans un placard.

B. Comme son nom l'indique, il qualifie, c'est-à-dire qu'il précise la caractéristique de la personne, de l'animal, de la chose dont on parle.
Exemple : Un rêve **étrange**.
C. Il peut toujours être précédé d'un déterminant.
Exemple : **Une** moto – **Le** sac – **Un** meuble – **La** baleine.
D. Il commence toujours par une majuscule.
Exemple : **P**ortugal, **M**arseille, **A**gathe.
E. Pour le trouver, tu peux te poser la question : que dit-on du sujet ?
Exemple : Arthur construit une cabane ; que dit-on d'Arthur ? Il **construit**.

2. C'est la base... ♣

Trouve à quelle définition (A, B...) correspond chacun des mots (1, 2...).

Connaître le sens de ces mots est indispensable pour comprendre les règles de grammaire. Reporte-toi à la « Trousse de secours » si tu en as besoin.

Mots

1. Le genre (d'un nom)
2. Le nombre (d'un nom)
3. La nature (d'un mot)
4. La fonction (d'un mot)

Définitions et exemples

A. Elle sert à désigner la catégorie d'un mot. Les mots peuvent être divisés en plusieurs catégories, ils ont une identité : le nom, le verbe, le déterminant...
Exemple : « Un » est un déterminant – « Balle » est un nom – « Rêver » est un verbe.
B. Elle indique le rôle que joue le mot dans la phrase : sujet, complément d'objet direct (COD), etc.
Exemple : La maîtresse distribue les cahiers, « maîtresse » est le sujet de la phrase, « cahier » est un complément d'objet direct (COD).
C. Il précise si le nom est féminin ou masculin.
Exemple : Une sirène, féminin – Un requin, masculin.
D. Il précise si le nom est singulier (il n'y a qu'un) ou pluriel (il y en a deux ou plus).
Exemple : **Un** enfant, il n'y en a qu'un = singulier – **Trois** enfan**ts**, il y en a plusieurs = pluriel.

3. Des règles très utiles ♣

Voici des règles de base et les exemples qui les accompagnent.

a) Utilise-les afin d'accorder les mots entre parenthèses dans les phrases A, B...

b) Indique pour chaque phrase le numéro de la règle que tu as utilisé.

Règles et exemples

A. Le verbe s'accorde toujours avec son sujet.

Exemple : Les renards entrent dans le poulailler.

B. Pour former le pluriel des noms, il faut le plus souvent ajouter un *s* au nom singulier.

Exemple : Un loup – Des loups.

Il y a des exceptions :

Les noms se terminant par *au, eau, eu* prennent un *x* au pluriel.

Exemple : Le chapeau, les chapeaux – Le noyau, les noyaux – Un jeu, des jeux.

C. L'adjectif qualificatif s'accorde en genre (féminin ou masculin) et en nombre (singulier ou pluriel) avec le nom qu'il qualifie (avec le nom auquel il se rapporte).

Exemple : Un petit garçon – Une petite fille – Des petits garçons – Des petites filles.

D. Le participe passé employé avec l'auxiliaire *être* s'accorde en genre (féminin ou masculin) et en nombre (singulier, pluriel) avec le sujet du verbe.

Exemple : Le jardin est inondé. – Les jardins sont inondés. – La maison est inondée. – Les maisons sont inondées.

E. Le participe passé employé avec l'auxiliaire *avoir* ne s'accorde jamais avec le sujet du verbe.

Exemple : Le glaçon a fondu. – Les glaçons ont fondu. — La neige a fondu. – Les nuages ont disparu.

Mots à accorder

1. Céline est (allé) à la mer.
2. Les (skieur) dévalent la piste.
3. Les (bateau) quittent le port.
4. Des histoires (vrai).
5. Le pêcheur n'a pas (attrapé) de poisson.
6. Des objets (perdu).
7. Les loups sont (sorti) de leur tanière.

4. Des familles soudées ♣

Tu peux connaître la terminaison de certains mots en cherchant des mots de la même famille : « chant, chanter, chanteur », par exemple.

En t'aidant des mots de la même famille, orthographie les mots mis entre parenthèses dans les phrases.

Mots de la même famille : passionnante – partage – grisâtre – hauteur – bondir – grandeur – fonder.

Phrases

A. Alice a pris la plus grosse (par) du gâteau.
B. L'escalier est (hau).
C. C'est un chien tout (gri).
D. Aziz est (gran) pour son âge.
E. Théana a vu un film (passionnan).
F. Octave a touché le (fon) de la piscine.
G. Le tigre a fait un grand (bon) pour attraper sa proie.

5. Quand cela se passe-t-il ? ♣

Lis les trois textes et indique le temps principalement employé dans chacun d'eux : le présent, le futur, le passé ? Pourquoi ce temps ? Si tu hésites, reporte-toi aux indications.

LA LOUVE ET LE GITAN

Quand il était enfant, Antonin se sentait rejeté par ses camarades. Tous les jours, lorsqu'il descendait à l'école du village, Jim et sa bande ne manquaient pas une occasion de le provoquer et de le traiter de « sale gitan ». Antonin préférait rester auprès de son grand-père, le berger du village, ou se promener seul dans la montagne. Un jour, il découvrit une jeune louve à demi morte de faim qui bouleversera sa vie.

LE PASSAGE SECRET

Dans deux mois, Rose, onze ans, partira quelque temps chez une tante et un oncle qui ont quatre enfants turbulents. Elle ne les a jamais vus. Un jour, en se promenant, Rose découvrira un vieil escalier oublié qui la conduira dans la même maison mais construite un siècle plus tôt. Elle vivra de bien étranges aventures en compagnie de ses cousins.

LE SECRET DE FILIPE

L'histoire se passe en Espagne. Carlito possède le plus habile et le plus intelligent des poneys : Poly. Un jour, le poney s'introduit dans une maison que tout le monde croit déserte. Carlito y pénètre en cachette pour retrouver Poly. Il découvre avec surprise qu'un petit garçon, Filipe, et une vieille dame y habitent. C'est Filipe que Poly est venu voir. Carlito hésite : que va-t-il faire ? Se montrer ?

Indications

– Pour indiquer ce qui se passe maintenant, on utilise le présent : aujourd'hui, en ce moment, pour l'instant, à l'époque actuelle...

Le présent est employé aussi dans un récit au passé pour le rendre plus vivant.

– Pour indiquer ce qui s'est passé avant, on utilise le passé : hier, l'année dernière, il y a deux ans... L'imparfait, le passé composé, le passé simple sont des temps du passé.

– Pour indiquer ce qui se passera par la suite, on utilise le futur : demain, plus tard, la semaine prochaine...

6. Quel temps ? ♣

Avec les mots ou expressions qui suivent, quel temps emploieras-tu : présent, passé ou futur ?

Jadis	Il était une fois
En ce moment	Demain
La semaine prochaine	Hier
Autrefois	Maintenant
À l'heure actuelle	Plus tard

7. À chacun sa stratégie ♣♣

Voici comment procède Iris pour apprendre la conjugaison du verbe « chanter » à l'imparfait. Devine si elle est parolière, photographe ou réalisatrice.

1. Elle met en évidence la terminaison du verbe en l'écrivant en couleur ou en la surlignant.

2. Elle regarde ce qu'elle a surligné comme si elle voulait le « photographier ».

3. Elle cache le modèle et revoit dans sa tête la conjugaison.

Voici comment procède Julien. Devine s'il est parolier, photographe ou réalisateur.

1. Il lit à voix basse ou, si possible, à voix haute, la conjugaison en épelant les terminaisons : je chantais, a.i.s, tu chantais, a.i.s, il chantait, a.i.t, etc.

2. Il redit ensuite dans sa tête ou à voix haute ce qu'il a lu sans modèle en insistant aussi sur les terminaisons du verbe.

Voici comment procède Sonia. Devine si elle est parolière, photographe ou réalisatrice.

1. Elle écrit la conjugaison et surligne en couleur le pronom personnel (je, tu, il…) et la terminaison du verbe.
2. Elle regarde ce qui est surligné comme si elle voulait le « photographier ».
3. Elle cache le modèle et écrit la conjugaison.

8. Des verbes en question ♣♣

Samy écrit un texte sur les pandas. Il hésite sur la terminaison des verbes mis entre parenthèses à l'infinitif. Aide-le en lui indiquant comment écrire ces verbes.

DES ANIMAUX MENACÉS

Les pandas, souvent chassés pour leur fourrure, sont (menacer) de disparition. Les Chinois ont décidé de réagir pour les protéger. D'abord, ils ont (capturer) des pandas pour les étudier et les faire se reproduire en captivité. Mais cette expérience a (échouer). Les pandas captifs perdent leurs réflexes naturels, s'affaiblissent et (mourir). Quand il y a des naissances, les mamans ne (savoir) plus élever leurs bébés.

Aujourd'hui, les chercheurs (penser) qu'il vaut mieux laisser le panda vivre dans son milieu naturel. Le gouvernement a créé 13 réserves naturelles dans les montagnes et (prévoir) la création de 14 autres. Malheureusement, ce projet (coûter) très cher.

Par ailleurs, des zoologistes (surveiller) les pandas et des gardes forestiers les (protéger) contre les braconniers.

9. Prends la plume ♣♣♣

Voici des informations sur le guépard mais les verbes sont à l'infinitif.

a) **Pour chaque phrase, orthographie les verbes.**
b) **Rédige le texte pour présenter le guépard.**

Dans un texte informatif, les informations qui se rapportent au même point sont regroupées : aspect physique, chasse… Commence par les classer.

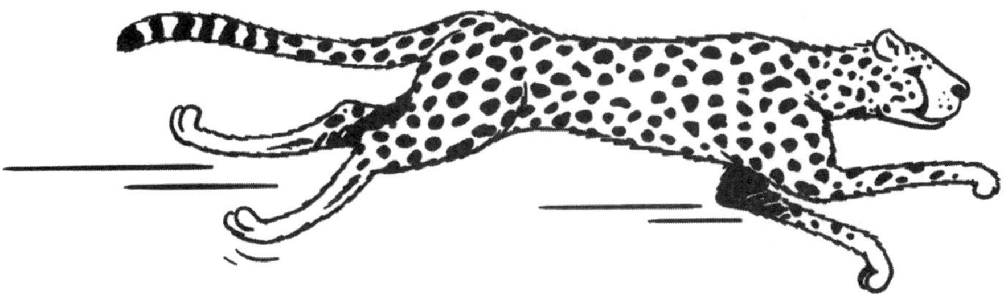

1. Le guépard (courir) très vite grâce à ses longues pattes.

2. Le guépard (avoir) une belle fourrure mouchetée de noir sur fond fauve clair.

3. Plus rapide que le lévrier, il (être) capable d'atteindre une vitesse de 90 km à 110 km/h, ce qui lui (permettre) de devancer n'importe quel autre animal.

4. Le guépard (être) le plus étrange des félins, mais aussi un des plus beaux en raison de sa silhouette fine et élégante.

5. Contrairement aux autres félins qui (capturer) leurs victimes par surprise, le guépard, lui, (maîtriser) les gazelles et les antilopes en les rattrapant à la course, à la vitesse de l'éclair.

6. Le guépard (avoir) de très hautes pattes armées de griffes qui ne (être) pas rétractiles comme celles des autres félins.

7. Seuls, les petits (avoir) de longues crinières blanches qu'ils (perdre) à l'âge adulte.

8. Le guépard ne (rugir) pas mais (pousser) des cris bizarres ressemblant à des miaulements.

9. Le guépard ne (sentir) pas sa proie comme les chats, car son odorat (être) assez peu (développer).

10. Le guépard n'est pas endurant ; il est (épuiser) après une course de 300 à 400 mètres.

11. Le guépard (chasser) de jour et (poursuivre) sa proie qu'il (repérer) grâce à sa vue perçante.

Récréation

Devinettes ♣

Apprends l'orthographe de ces mots selon ta stratégie préférée.
oreille • alphabet • dinosaure • ascenseur • nid • ambulance • noyau • dentiste.
Sans regarder les mots appris, trouve celui dont il s'agit dans chaque phrase. Écris-le… sans faute.

1. Je suis un animal préhistorique.
2. Je sers à entendre.
3. Je représente l'ensemble des lettres.
4. Je suis un appareil qui permet de monter sans se fatiguer.
5. Tu vas le voir pour qu'il surveille tes dents.
6. C'est un petit abri que font les oiseaux pour y déposer leurs œufs.
7. Attention ! Quand tu manges un fruit, il peut y en avoir un.
8. Cette voiture transporte les blessés à l'hôpital.

J'évalue mes modifications et mes corrections

Pour améliorer ton écrit, pense à…

A. Dans un récit

1. Présenter les personnages, le lieu, la situation.
2. Prévoir deux ou trois rebondissements.
3. Écrire un paragraphe pour chaque épisode.
4. Indiquer comment se termine l'histoire.
5. Éviter les répétitions.
6. Faire, si nécessaire, parler les personnages.

B. Dans tous les textes

1. Vérifier l'orthographe des mots.
2. Vérifier les accords entre les mots.
3. Vérifier si tu as utilisé le temps qui convenait pour les verbes.
4. Vérifier les terminaisons des verbes.
5. Ponctuer le texte.
6. Commencer les phrases par une majuscule.
7. Vérifier s'il ne manque pas de mots.
8. Recourir au dictionnaire ou à un manuel de grammaire.

Module D

J'écris pour faire connaître un livre

Ce module comprend deux unités.

Je choisis un livre pour le présenter — Unité 9

Quand tu as aimé un livre, tu aimes donner à d'autres élèves l'envie de le lire. À toi d'abord de « dénicher » un livre qui te plaît dans la bibliothèque. Au lieu de choisir au hasard, sois astucieux. Utilise les indices qui permettent de savoir si le livre a des chances de te plaire.

J'écris une fiche de lecture — Unité 10

Les futurs lecteurs du livre que tu veux faire connaître seront, en premier lieu, attirés par l'histoire. Alors, déploie toutes tes stratégies pour écrire une présentation du livre qui éveille leur curiosité. Ce n'est pas le plus facile mais cette unité va t'aider.

Unité 9

Je choisis un livre pour le présenter

Je découvre

Louis arrive à la bibliothèque. Il voudrait un livre d'aventures mais ne sait comment choisir. Que pourrait-il faire pour trouver un livre qui lui plaise ? Essaie de lui expliquer comment tu t'y prends pour être sûr de trouver un livre correspondant à tes goûts.

Voici la reproduction des deux pages de couverture d'un roman.

1. Que trouves-tu sur la première page de couverture ?

2. Que trouves-tu sur la dernière page de couverture ?

Première page de couverture

Dernière page de couverture

J'observe

Réponds aux questions en indiquant la ou les pages où tu as trouvé l'information.

1. Un titre, un auteur, des personnages

a) Quel est le titre du livre ?

b) Qui a écrit le livre ?

c) Quel est le nom du personnage principal ?

d) Quel est le nom des autres personnages ?

e) Un des héros de l'histoire est un animal : de quel animal s'agit-il ?

f) Le personnage principal a environ deux ans : vrai ou faux ?

2. Où, quand, quoi ?

a) Où se déroule l'histoire ?

b) À quelle époque se déroule l'histoire ?

c) À quel genre ou à quel thème appartient le livre ?

d) Quelle est la situation au début de l'histoire ?

e) Que désire le personnage principal ?

f) À quel genre de difficultés va se heurter le personnage principal ?

3. Le livre raconte...

À partir des indices relevés, imagine et écris l'histoire en dix lignes.

Je fais le point

Quels renseignements te donnent les pages de couverture ?

- Le **titre** est un indice important : il donne le sujet du livre.
- L'**illustration** ou les illustrations : elles t'aident à imaginer les personnages, le lieu, l'époque.
- Le nom de l'**auteur** (ou des auteurs) : la personne qui a écrit le livre. Si tu as aimé le livre d'un auteur, tu auras peut-être envie de lire un autre de ses livres.
- Le nom de l'**éditeur** : la société qui a publié le livre.
- La **collection** à laquelle appartient le livre. Une collection est un ensemble de livres qui ont des points communs : même format, même présentation, même genre de textes, même catégorie de lecteurs. Tu as peut-être des préférences pour une collection.
- Le **texte de présentation** du livre : il te permet de connaître le nom des personnages principaux, de découvrir le récit.
- La tranche d'**âge** du lecteur à laquelle correspond ce livre. Cette indication n'apparaît pas toujours mais l'illustration et l'âge des héros fournissent souvent des pistes.
- Le **genre** du livre (ou le thème) : aventures, amitié, science-fiction… Il n'est pas toujours indiqué ; quelquefois, ce sera à toi de le trouver.

Un bon conseil

Muni de tous ces indices, tu peux choisir en connaissance de cause. Le livre semble te plaire ? Bonne lecture ! Le livre ne te convient pas ? Choisis-en un autre.

Je m'entraîne

1. Titre et texte de présentation ♣

Pour chaque titre de livre (1, 2…), indique le texte de présentation (A, B…) qui lui correspond.

Titres des livres

A. *L'Appel de la forêt*
B. *Un drôle de numéro*
C. *La Petite Fille de la ville*
D. *On a kidnappé l'école*
E. *L'école qui n'existait pas*

PRÉSENTATION DES LIVRES

1. C'est la Seconde Guerre mondiale. Valia est seule au monde : son père a été tué au front, sa mère et son père ont péri dans un bombardement. Elle fuit sa ville en ruines et est recueillie par une famille de paysans. Quelle vie nouvelle pour elle ! Là, tout est différent : la nourriture, les objets, les habitudes... Se fera-t-elle à l'atmosphère rude mais si chaleureuse de sa nouvelle maison ?

2. Mickette serait plutôt du style à construire son avenir avec des pirouettes ! À part en gym, ses notes ne sont pas très réjouissantes ! Aussi, c'est décidé, elle ira finir son année scolaire dans la pension de M. Dubrunet. Mais « la meilleure école du monde » est très mystérieuse et Mickette aura bien des choses à découvrir. Et si ce n'était qu'un rêve ?

3. Le jour de la rentrée, Paul raconte à ses enfants une invraisemblable histoire d'école qui aurait disparu. Et soudain, à la place de l'école, c'est un cirque qui apparaît avec son chapiteau. Le père et les enfants se retrouvent alors au milieu de la piste.

4. En 1897, Buck, un chien, est brutalement arraché à sa vie paisible pour tirer, comme bien d'autres chiens, les traîneaux des nouveaux aventuriers en partance pour l'Alaska. Il passe de maître en maître jusqu'à sa rencontre avec John Thorton ; le drame final brise cette amitié et attire définitivement Buck vers la liberté de la vie sauvage dans la forêt.

5. Jenny est vraiment unique en son genre. Elle a toujours des idées farfelues. Avec sa meilleure amie Miranda, elle vit aux environs de Londres. Jenny a convaincu Miranda de participer à son projet : quand elles seront grandes, elles ouvriront une agence de détectives. En attendant, il faut s'entraîner et, pour ça, les idées lumineuses ne manquent pas à Jenny, comme de suivre discrètement un inconnu dans la rue. Enfin, discrètement, c'est vite dit. Pour leur premier exercice, elles jettent leur dévolu sur un garçon de leur âge qui se livre à une activité louche : relever les numéros d'immatriculation des voitures...

2. Fiche de renseignements ♣♣

Voici des présentations de livres. **Relève, dans un tableau comme celui qui t'est proposé, les différents renseignements pour chacun des livres.**

Le premier livre est donné en exemple.

Titre du livre	*Dans les forêts de la nuit*
Les principaux personnages	Benjamin, une tigresse, un perroquet
L'époque	Sans doute de nos jours
Le lieu	La forêt
La situation de départ	Une tigresse est arrachée à son pays, la Sibérie
L'événement qui modifie la situation	L'intervention de Benjamin
Ce sur quoi porte le récit	Le sauvetage d'une tigresse

PRÉSENTATION DES LIVRES

1. Dans les forêts de la nuit

Cette tigresse arrachée à sa Sibérie natale est ce que la Terre possède de plus beau, mais les hommes sont devenus fous, ils ne le savent pas. Seul Benjamin, un enfant secret et solitaire, va tenter ce que personne n'avait jamais osé avant lui. Vers l'est, de forêt en forêt, avec l'aide d'un vieux perroquet insolent et téméraire, il accompagnera la tigresse à travers des mondes où les fantômes ne se distinguent plus des vivants.

2. Max, mon frère

Une famille normale, en Allemagne, avec quatre enfants. Max et Johanna, les jumeaux, dix ans, Véronique, huit ans, et Christine, six ans. En cette fin d'été, les vacances s'achèvent, heureuses, au bord de la mer. Les enfants se baignent, ramassent des coquillages, grimpent aux arbres, bref, profitent de leurs derniers jours de vacances. Mais de retour en Allemagne, tout s'écroule. La famille apprend que Max a une maladie grave. Va-t-il guérir ? Parents et médecins font des efforts désespérés pour y parvenir.

3. C’est pour la bonne cause !

Tonin, onze ans, se porte volontaire pour accueillir chez lui un petit Africain pendant un mois. Il est persuadé que ses parents, des gens ouverts et pas insensibles aux problèmes humanitaires en général, accepteront avec enthousiasme. Seulement ils refusent pour d’obscures raisons et Tonin est bien ennuyé. Comme il ne veut pas perdre la face vis-à-vis de ses copains, il persiste, ment à tout le monde, remplit les papiers à la place de ses parents. Moussa arrive d’Afrique et Tonin le cache chez lui, s’enfonçant de plus en plus dans le mensonge et les invraisemblances. Jusqu’au jour où, évidemment, les parents découvrent Moussa.

4. La Calanque des ermites

C’est les vacances. Fabien, jeune Français de la région lyonnaise, retrouve avec un plaisir intense sa calanque dans le petit village espagnol où il vient chaque année. Sa calanque et son copain Juanito, fou de plongée comme lui. Mais cette année, les deux garçons font une étrange découverte au fond de l’eau : une ancre d’hydravion, couverte d’algues, et qui semble intéresser beaucoup de monde…

3. Des livres pour tous les goûts ♣

Consulte les présentations de livres (1, 2…). **Indique le ou les livres qui conviennent dans les cas suivants (A, B…).**

A. Rachid cherche des livres remplis de mystère.
B. Esther est attirée par les histoires tristes.
C. Gaël est passionné par les Indiens.
D. Héléna aime les contes de fées.
E. Romain ne lit que des histoires amusantes.

PRÉSENTATION DES LIVRES

1. Une moitié de wasicum

Eby, né d’une mère indienne et d’un père blanc, occupe tous ses moments de loisir à parcourir la forêt avec son copain Jimmy. Un jour, les deux gamins surprennent le manège d'un inconnu peu rassurant, qui vient de cacher quelque chose au pied d'un arbre. Eby déterre le mystérieux paquet : c'est un objet sioux de grande valeur, volé. Le grand-père indien d'Eby arrive alors de Dakota pour prêter main-forte à son petit-fils dans cette enquête dangereuse, qui sera aussi pour l'enfant l'occasion de découvrir ses racines.

2. La place vide

Le père d'Ariel n'a plus d'argent. Il n'a pas d'autre solution que de « prêter » son fils pour un mois, contre une somme mirobolante, à deux individus richissimes. Ariel devra tenir le rôle de Bastien, un enfant mort dont il est le sosie, devant le grand-père de Bastien qui a perdu la mémoire. Cette sombre manipulation ne plaît pas du tout à Ariel. Non seulement il flaire un coup louche et dangereux, avec peut-être la mort au bout, mais, en plus, il s'est attaché à ce vieillard à qui l'on fait croire, pour un mois seulement, qu'il a retrouvé son petit-fils.

3. Les oreilles en pointe

Raymond ne réussit pas à l'école. Son père n'accepte pas l'idée que son fils sera bientôt relégué dans la classe réservée aux « nuls », et surtout que cette destinée scolaire ait des répercussions sur son commerce. Contre un cochon qu'il ira voler avec la complicité du boulanger, il obtiendra le maintien de son fils dans la classe : tant pis si Raymond ne comprend rien et s'il est de plus en plus malheureux.

4. La dernière fée

Il était une fois un chimiste et sa femme, très amoureux l'un de l'autre, qui vivaient complètement isolés du monde dans leur chaumière au fond de la forêt, en compagnie d'un vieux domestique. Un jour, ils eurent un fils, beau comme le jour, qui ne connaissait le monde que par le Cabinet des fées. Lorsque ses parents moururent, Abel resta seul au monde. Heureusement, la jolie Catherine, la fille du maire du village voisin, vint un jour lui rendre visite. Mais Abel n'avait pas oublié son rêve d'enfant : voir une fée.

5. Le rock de la maîtresse

Jérémi est un jeune garçon qui chante et danse très bien. Il vient d'inventer une chanson à succès : « Le rock de la maîtresse ». Tout au contraire, Nicolas, un jeune garçon surdoué (à huit ans, il est en CM2), ne chante pas et danse encore plus mal. Ces deux-là n'ont aucune chance de se rencontrer… sauf qu'ils se ressemblent comme deux gouttes d'eau, ils sont de véritables sosies ! Cette ressemblance est prétexte à de multiples quiproquos, à des méprises qui entraînent le rire.

4. Thèmes et mots clés ♣♣

Consulte les présentations des livres des exercices 2 et 3. **Indique le ou les thèmes qui y sont traités.** Un même livre peut aborder deux thèmes.

1. Fée
2. Amitié
3. Maladie
4. Enfance maltraitée
5. Tziganes
6. Aide humanitaire
7. Mensonge
8. Indiens d'Amérique
9. Enfance
10. Sosie
11. Intégration
12. Relation homme/animal
13. Solitude
14. Divorce
15. Humour
16. Famille
17. Plongée sous-marine
18. Les animaux menacés
19. Échec scolaire
20. Enquête

Récréation

Plus futé que futé ♣♣

Par groupes de trois, choisissez un livre narratif à la bibliothèque. Découvrez-le.

– Examinez la première et la dernière page de couverture (lisez le titre, regardez l'illustration, parcourez le texte de présentation).
– Jetez un coup d'œil aux titres des chapitres.
– Feuilletez le livre, parcourez les illustrations.
– Lisez quelques lignes du premier chapitre.
– Lisez au hasard quelques passages.

À l'aide des renseignements recueillis, imaginez l'histoire et racontez-la aux autres membres du groupe.

Lisez le livre en entier. Comparez les histoires que vous aviez imaginées avec celle du livre. Le gagnant est l'élève qui a raconté l'histoire la plus proche de celle du livre.

Unité 10

J'écris une fiche de lecture

Je découvre

Voici ce qu'a écrit William pour présenter un livre.

Le livre raconte la capture d'un animal.

Peux-tu, grâce à son texte, avoir une idée du livre ? Que voudrais-tu savoir de plus ?

1. Choisis un livre qui t'a plu et écris un petit texte pour le faire connaître aux autres élèves.

J'observe

Théana a préparé la présentation d'un livre, *L'escapade de Julie Moineau*, et donné son opinion. Lis ce qu'elle a écrit et indique ce que tu as appris sur les personnages, sur l'histoire.

PRÉSENTATION DU LIVRE

Yolande est une petite fille de neuf ans. Elle vit dans une jolie maison avec un jardin mais loin de toutes ses amies. Sa mère est très occupée par son travail. C'est vrai qu'elle « consacre » le mercredi après-midi à sa fille, mais quand Yolande voudrait lui parler, elle répond toujours « Oui. Oui » sans l'écouter. Son père, médecin, est toujours appelé à l'hôpital pour des urgences. Bref, Yolande est seule et s'ennuie. Elle voudrait une petite sœur ou un petit frère, un chien, un chat, enfin quelqu'un qui lui tiendrait compagnie mais ses parents refusent. Un jour, elle décide de partir de chez elle, de faire une « fugue » pour trouver une nouvelle famille. Mais, très vite, elle se rend compte qu'une petite fille toute seule ne paraît guère normal. Personne ne veut l'accueillir. Elle erre de famille en famille. Certaines personnes sont inquiétantes, des dangers la menacent. Que va-t-elle devenir ? Ses parents vont-ils la retrouver et la comprendre ?

Ce que pense Théana du livre

Ce livre m'a plu car il raconte l'histoire d'une petite fille de mon âge. J'ai compris ce qu'elle ressentait. Au cours de tout le livre, j'ai tremblé pour elle.

1. La présentation d'un livre

Reporte-toi au texte de Théana afin de répondre aux questions.

a) Comment s'appelle l'héroïne de l'histoire ?

b) Où l'histoire se déroule-t-elle probablement ?

c) Pourquoi la petite fille n'est-elle pas heureuse ?

d) Que voudrait la petite fille ?

e) Que décide la petite fille ?

f) Que se passe-t-il ensuite ?

g) Sait-on, à la fin de la présentation, si le récit se termine bien ou mal ?

2. L'avis du lecteur

Théana a indiqué ce qu'elle pensait du livre. Relis son avis et réponds aux questions.

a) Pourquoi le livre lui a-t-il plu ?

b) Quels sentiments a-t-elle éprouvés à la lecture du livre ?

c) As-tu envie ou non de le lire ?

d) Pourquoi ?

Exemple : je n'ai pas envie de lire ce livre parce que je n'aime que les livres qui racontent des histoires drôles.

Je fais le point

Le futur lecteur va accorder une grande importance à ta présentation du récit et à ce que tu en penses. C'est ce qui va le décider à emprunter le livre ou à en choisir un autre. Lourde responsabilité ! Il s'agit en fait d'écrire une sorte de résumé du livre mais sans dévoiler la fin ! Comment procéder ?

Présentation du récit

- Indiquer les **personnages principaux** ainsi que leurs caractéristiques et leurs préoccupations.

Exemple :

Dans le livre présenté plus haut, on sait, dès les premières phrases, qui est l'héroïne : Yolande, et ce qui fait qu'elle n'est pas heureuse : elle est seule et s'ennuie.

- Préciser le **cadre** où se déroule l'histoire : lieu et, si besoin est, l'époque ou le moment.

Exemple :

Dans le livre présenté plus haut, le lieu précis et l'époque ne sont pas précisés mais on sait quand même où habite l'héroïne : une maison avec un jardin, loin de ses amies.

- Indiquer la **situation au début** du récit.

Exemple :

Yolande est seule, elle s'ennuie.

- **Indiquer l'événement qui change la situation.**

Exemple :

Yolande décide de partir de chez elle.

- **Donner une idée de ce qui arrive** : les difficultés ou les obstacles rencontrés. Mais il ne faut pas tout dire pour maintenir le suspense !

Exemple :

Personne ne veut accueillir Yolande. Elle erre de famille en famille. Certaines personnes sont inquiétantes, des dangers la menacent.

- Terminer par une question qui laissera le **lecteur perplexe sur l'issue de l'histoire**.

Un bon conseil

Pour choisir les éléments importants à mentionner dans ta fiche de présentation, mets-toi à la place du lecteur : qu'aimerait-il savoir ou, au contraire, ne pas savoir tout de suite pour le découvrir par lui-même ?

Exemple :
Que va-t-elle devenir ? Ses parents vont-ils la retrouver et la comprendre ?

Ton avis sur le livre
Tu as aimé le livre puisque tu l'as choisi. Mets en évidence ce qui t'a plu. Il peut s'agir du thème, du suspense, d'un personnage qui t'a touché, du comique des situations, des lieux ou des époques présentés, des sentiments bien exprimés... Mais tu n'es pas obligé d'affirmer que le livre n'a que des qualités. Si tu as trouvé les descriptions trop longues, les personnages trop nombreux, la fin de l'histoire décevante..., dis-le.

Je m'entraîne

1. Une fiche de lecture ♣

Voici une fiche de lecture écrite par Zoé. Lis-la et réponds aux questions.

LANDAIS Bernadette

L'immeuble des mystériosas

Éditions Nathan, collection « Nathan Poche ».

Présentation du livre : Deux petites filles, Olga et Lucille, habitent dans un immeuble où d'étranges phénomènes se produisent. Un matin, les poubelles sont en porcelaine ; un autre jour, une vache et deux moutons sortent de l'ascenseur, et ainsi de suite. C'est bizarre. Les enfants veulent découvrir la vérité sur ces événements. Le responsable est forcément quelqu'un de l'immeuble. Qui ? Olga et Lucille sont courageuses. Malgré les dangers, elles vont s'arranger pour pénétrer dans les appartements. Pour cela, elles trouvent un prétexte. Mais que va-t-il leur arriver ?

Thèmes : L'amitié, les rapports entre les voisins.

Ce que j'en pense : J'ai aimé l'histoire parce qu'elle est drôle, fantastique et riche en rebondissements.

a) **Combien de parties comporte-t-elle ?**
b) **Comment ces différentes parties sont-elles mises en évidence ?**
c) **Quelles sont les indications notées dans chaque partie ?**
d) **Un nom est écrit en lettres majuscules. Qui désigne-t-il ?**
e) **Complète la phrase dite par un élève désirant trouver le livre présenté :**
« Je cherche un livre dont l'auteur est .... Son titre est : .... L'éditeur est .... »
L'ensemble de ces éléments s'appelle les références du livre.

2. Utile, inutile ? ♣♣

Océane a relevé des informations sur un livre qui raconte l'histoire d'une petite fille et de ses frères et sœurs pendant l'absence de leur mère. Elle veut préparer une fiche de lecture.

Classe ses informations en deux catégories :

– les informations à supprimer car elles ne sont pas importantes pour connaître le livre ;
– les informations à retenir car elles donnent les références du livre ou permettent de s'en faire une idée.

Exemple : L'information n° 1 donne un renseignement important.
L'information n° 3 n'est pas utile.

1. L'héroïne raconte sa vie au jour le jour : le livre est son journal.
2. Le titre du livre est : *La Maison des petits bonheurs*.
3. La couverture du livre est de couleur blanche et bleue.
4. L'héroïne s'appelle Aline Dupin.
5. Le signe astrologique de l'héroïne est Lion.
6. Au début, l'héroïne mène la vie de toutes les filles de son âge.
7. L'héroïne a 11 ans.
8. L'histoire se déroule dans un quartier populaire du vieux Paris.
9. Le livre est édité par les éditions Casterman, dans la collection « Romans Dix & plus, Comme la vie ».
10. Un printemps, la vie de l'héroïne est bouleversée : sa mère part à l'autre bout de la France soigner une amie.
11. L'histoire se déroule dans les années 1940.
12. L'héroïne aide toujours sa mère à faire les courses.
13. L'héroïne a une sœur plus âgée, Estelle, et un frère plus jeune, Riquet.
14. C'est la tante Mimi qui prend la maison en main.
15. À tous les tracas d'Alinc, il faut ajouter l'école, les interminables leçons à apprendre, la composition de calcul qui est une catastrophe.

16. Les thèmes abordés sont la famille, l'enfance.
17. La maison se désorganise et rien ne va plus comme avant.
18. La tante Mimi est autoritaire et déplaît aux enfants.
19. Océane a aimé le livre parce qu'elle s'est sentie proche de l'héroïne et que l'histoire est racontée de manière simple et intéressante.
20. Tout va-t-il bientôt rentrer dans l'ordre ?
21. Le père se sent perdu devant la tante, si différente de sa femme.
22. Il fait un temps splendide.
23. L'auteur s'appelle Colette Vivier.

3. Les bonnes informations ♣♣♣

Voici des informations relevées par Tali sur le livre : *Le sifflet à roulettes* de Hertha Von Gebhardt, éd. G.P. Bibliothèque rouge et or. Il raconte l'histoire d'enfants qui veulent sauver leur terrain de jeux qui va être remplacé par un immeuble.

a) Classe ses informations en deux catégories :

– celles qui sont à éliminer car elles ne contribuent pas à faire connaissance avec le livre ;

– celles qui sont à retenir car elles permettent de se faire une idée du récit et des personnages.

Exemple : peu importe que l'auteur soit marié ou pas...

b) Écris le texte de présentation.

1. Les enfants ont pour espace de jeux un terrain à l'abandon.
2. L'auteur n'est pas marié.
3. Les enfants apprennent par une pancarte sur leur terrain que leur espace de jeux est menacé.
4. Le terrain va être vendu pour y construire un immeuble.
5. Le propriétaire a 52 ans.
6. Les enfants sont consternés.
7. Les enfants portent des vêtements neufs.
8. Le chef de la bande, Koshka, décide de tout mettre en œuvre pour éviter la catastrophe.
9. Les enfants suivent les conseils du chef de la bande et déploient toute leur énergie.
10. Koshka a de longues jambes et des cheveux noirs.
11. Les péripéties se succèdent.
12. Le père de Koshka est coiffeur.

13. Des enfants de dix ans n'ont pas beaucoup de poids en face d'adultes déterminés à couvrir les espaces verts de construction.

14. La couverture du livre est rouge.

4. Fiche de lecture incomplète ♣♣♣

Voici une fiche de lecture établie par Karim. Elle est incomplète.

Termine-la et améliore le résumé grâce aux informations complémentaires (1, 2...) qui te semblent utiles.

Attention ! Toutes les informations ne sont pas à utiliser : retiens uniquement celles qui permettent de connaître le livre.

SOLET
Surf en eau trouble
Éditions Hachette.
Présentation du livre : L'histoire se passe de nos jours. Boris et son copain Cata, deux garçons d'une douzaine d'années, sont dans un club de vacances. Mais le coffre-fort du club est cambriolé. Que va-t-il se passer ?
Ce que j'en pense : J'ai aimé l'histoire.

Informations complémentaires

1. Les garçons se transforment en détectives.
2. Boris et Cata échappent par deux fois à des « accidents » après avoir découvert un autre vol et une affaire louche.
3. L'auteur a écrit son livre pendant l'hiver.
4. Cata est l'abréviation de catastrophe.
5. L'éditeur est Hachette et la collection « Vertiges ».
6. Boris habite près de chez Cata.
7. La situation devient inquiétante avec la disparition de deux moniteurs.
8. Karim a aimé le livre car il est rempli de rebondissements. Il a été tenu en haleine jusqu'à la fin.
9. Boris et Cata cherchent des indices.
10. L'auteur a écrit son livre pendant les vacances.
11. Boris et Cata sortiront-ils sains et saufs de cette aventure ?
12. Le prénom de l'auteur est Bertrand.
13. Karim a aussi aimé le caractère intrépide des deux garçons.
14. L'histoire se passe aux Antilles.

5. Qu'en penses-tu ? ♣♣

Voici l'opinion de plusieurs élèves sur les livres des exercices précédents.
Indique les opinions qui sont trop vagues pour avoir une idée du livre présenté.

Ce que j'en pense

1. Ce livre m'a plu.
2. Ce roman raconte une histoire qui peut réellement arriver. C'est pourquoi je l'ai lu avec plaisir. De plus, il m'a tenu en haleine jusqu'au bout.
3. J'ai été intéressé par ce livre.
4. Ce roman est rempli de péripéties ; comme j'aime l'action, il m'a plu. Mais j'ai d'abord eu du mal à m'y retrouver dans tous les personnages.
5. C'est un bon livre.
6. J'aime bien les histoires vraies. C'est le cas de ce livre qui raconte ce qui arrive à un enfant qui pourrait être l'un de mes camarades ; aussi, il m'a plu. J'ai été intéressé et ému.
7. Cette histoire étrange m'a beaucoup plu. Elle m'a permis d'entrer dans un monde imaginaire où tout est possible. J'aimerais être comme le héros, faire des tas de bêtises et ne pas être grondé.

Récréation

Compte rendu de lecture minute ♣♣

Après avoir lu un livre qui lui a plu, chaque élève doit le présenter à la classe en quelques minutes. La règle du jeu est de donner envie de lire le livre. Le gagnant est celui qui remporte le plus de futurs lecteurs.

J'évalue ma fiche de lecture

Pour que ma fiche de lecture soit « prête à l'emploi », je pense à…

1. Diviser en différentes parties séparées par un trait.
2. Indiquer le nom et le prénom de l'auteur.
3. Indiquer le titre du livre.
4. Indiquer le nom de l'éditeur et, éventuellement, la collection.
5. Présenter le livre de manière que l'élève qui va le choisir puisse s'en faire une idée.
6. Présenter le livre de manière à donner envie de le lire.
7. Préciser ce que tu as pensé du livre en donnant les raisons de ton opinion.

La « Trousse de secours »

Cette « trousse » a pour but de te donner les moyens d'aborder la rédaction d'un écrit sans crainte.

Des idées plein la tête

Tu as écrit un texte, mais il est trop court. Pas de panique !
Il existe 1 001 moyens pour l'enrichir.

Pour développer phrases et paragraphes

1. La phrase est un ensemble de mots ayant un sens complet.

Elle commence par une majuscule. Tu peux écrire quatre sortes de phrases.

- Si tu veux présenter un fait, un événement ou une opinion, choisis la **phrase déclarative**. Termine-la par un point.
Il fait beau.
Je pars en voyage.

- Si tu veux exprimer un sentiment ou une émotion, choisis la **phrase exclamative**. Termine-la par un point d'exclamation.
Quelle journée !
Comme ils sont heureux !

- Si tu veux poser une question, choisis la **phrase interrogative**. Termine-la par un point d'interrogation.
Où partez-vous ?
Que comptez-vous faire ?
Préfères-tu la campagne ou la mer ?

- Si tu veux exprimer un conseil ou un ordre, choisis la **phrase impérative**. Termine-la par un point ou par un point d'exclamation.
Prépare ta valise.
Emportez le matériel.
N'oublie jamais !

La phrase la plus courante est la phrase déclarative. Cette phrase peut fournir une information minimale : **de qui ou de quoi parle-t-on ?** (personne, animal, objet...) et **qu'en dit-on ?** C'est alors une phrase de base, une phrase simple.

L'écureuil saute.

L'écureuil s'est sauvé.

L'écureuil est agile.

On peut enrichir la phrase de base :

Dans la forêt, l'écureuil saute de branche en branche.

2. Un paragraphe expose une idée, une étape...

Il est constitué de plusieurs phrases qui forment une unité de sens, une partie du texte. Pour marquer le début d'un nouveau paragraphe, n'oublie pas de revenir à la ligne et d'écrire un peu en retrait par rapport à la ligne précédente.

3. Un texte comporte plusieurs paragraphes.

Un texte ressemble un peu à un bois ou à une forêt.

Chaque arbre de la forêt représente une phrase.

Le tronc de l'arbre c'est la phrase de base.

Les branches sont les enrichissements de la phrase de base.

Un groupe d'arbres rassemblent un groupe de phrases qui forment un paragraphe.

L'ensemble des arbres forment un bois ou une forêt qui représente le texte.

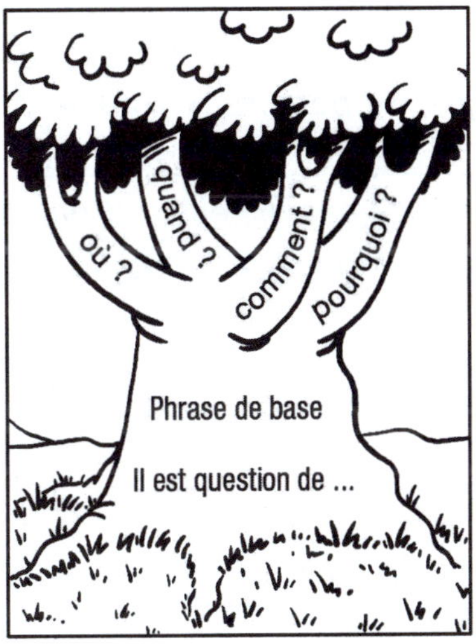

4. Comment passer de la phrase de base à un paragraphe puis à un texte ?

Procède comme pour un bouquet :

Phrase de base (de qui ou de quoi est-il question + qu'est-ce qu'on en dit ?) + quelques-unes des précisions suivantes.

- Indique **le lieu** (où)

Esther a construit une cabane au fond du jardin.

- Indique **le moment** (quand)

Lise partira dans la soirée.
Au cours de son voyage en Espagne, Micha est devenu l'ami de Gonzalès.
Louis s'est réveillé en pleine nuit.
Maud a déménagé il y a deux ans.

- Indique **la manière** (comment)

Mathilde attrape la balle avec adresse.
Théo marche sur la pointe des pieds.
Les enfants s'approchent silencieusement.

- Indique **la cause** (pourquoi)

L'ours blanc a des conditions de vie difficiles car il reste sur la banquise toute l'année.
Même en Europe, des enfants travaillent. Pourquoi ? Parce qu'ils sont victimes de la misère économique qui les oblige à gagner de l'argent.
En Afrique, de nombreux enfants manquent à la fois de nourriture et d'eau potable à cause du manque de récoltes ou des guerres.
La chasse à la baleine est interdite dans le monde depuis 1986, sauf pour les scientifiques qui veulent l'étudier.

- Indique **la conséquence**

La roue avant du vélo de Bastien est crevée : il arrivera donc en retard chez son ami.
Un vent violent a soufflé toute la nuit entraînant des dégâts importants.
Le lama a parfois envie d'être seul, sinon il râle et risque de se mettre en colère.

- Donne **un exemple**

Les dauphins sont des acrobates. Ainsi, le dauphin bleu et blanc peut sauter jusqu'à 7 mètres de haut.
Les habitants de la planète Bort ne prenaient pas les fantômes au sérieux et n'en avaient pas peur. Par exemple, si un fantôme agitait ses chaînes qui produisaient un grincement horrible, un Bortien lui disait aussitôt que ses chaînes manquaient d'huile.
Lorsqu'un perroquet arrive à répéter un mot, il est récompensé : son maître lui donne une noisette ou un morceau de fruit.

Pour relier les idées entre elles

Le Petit Poucet se serait perdu s'il n'avait pas semé des petits cailloux tout au long de sa route. Ton lecteur risque aussi d'être perdu dans ton texte si tu ne l'aides pas à aller d'un point à un autre. Pour lui permettre de suivre les idées, relie les phrases et les paragraphes par des liens, appelés repères temporels ou logiques.

Les repères temporels marquent la durée et l'ordre des actions (voir page 54).

Pour marquer les liens logiques (une action et sa cause, une action et sa conséquence...), tu as recours à d'autres indices. Voici quelques possibilités, tu pourras t'y reporter en cas de besoin. Emploie-les entre deux phrases ou entre deux paragraphes.

Tu indiques la cause	**Tu indiques la conséquence**	**Tu indiques le but (pourquoi)**	**Tu opposes**
À cause de Parce que Car En effet Grâce à Sous prétexte que...	Par conséquent Donc C'est pourquoi Ainsi De manière à Au point de...	Dans ce but Pour que Afin que Pour En vue de Dans l'intention de...	Cependant Mais En revanche Néanmoins Toutefois Par contre...

Pour rendre un texte plus vivant

1. Donne des détails précis

Présente les particularités de la personne, de l'animal, de l'objet ou du lieu dont il est question.

Judith pénétra dans un jardin <u>mystérieux</u>.

Antoine roule sur une route <u>glissante</u>.

Un chat <u>tigré</u> guette les allées et venues d'un moineau <u>apeuré</u>.

Le dodo est un <u>grand</u> oiseau <u>dodu</u> avec un <u>fort</u> bec <u>crochu</u>, des ailes <u>minuscules</u> et une <u>petite</u> queue <u>recourbée</u>.

2. Utilise des comparaisons

Le recours à des comparaisons est un excellent moyen pour être compris du lecteur.

Par rapport aux étoiles, le Soleil n'est pas très gros.
Jupiter est la planète la plus rapide et la plus grande.
Le renard est plus rusé que la poule.
Estrella est moins bonne nageuse que Jade.
Antoine est aussi débrouillard que Théo.
Gai comme un pinson – bavard comme une pie – têtu comme une mule – excité comme une puce – nu comme un ver.
Laura a les cheveux raides comme des baguettes.
En attendant l'heure de la fête, Bastien tourne comme un ours en cage dans sa chambre.

3. Utilise des expressions imagées

Pour animer ton texte, les expressions imagées sont précieuses.
Avoir un appétit d'oiseau – faire la sourde oreille – courir sa chance – perdre la tête – voir la vie en rose – être vert de rage – être rose de plaisir – être vert de peur – nager dans le bonheur – sa voix ressemble au grincement d'une crécelle...

Pour présenter un personnage

Mets en évidence ses traits caractéristiques. Ton lecteur doit pouvoir dessiner le personnage après avoir lu ta description.

Son aspect physique

- Son allure générale

Svelte, élancé, gros, mince, courbé, grand...
C'était un être étrange.
Sa silhouette élancée se détachait au milieu de la foule.

- Son visage

Examine tour à tour le front, les yeux, le nez, la bouche, les dents, le teint, la moustache...
Il avait un visage long, un nez en bec d'aigle, un regard perçant.
Sa barbe, fournie, était taillée en pointe.

- Son corps

Bras, mains, jambes, pieds...
Cette étrange créature avait de longs bras terminés par des mains qui ressemblaient à des pinces.

Ses vêtements

Les vêtements aident à se faire une idée du personnage.

La fée était somptueusement vêtue d'une robe brodée, de chaussures dorées.

Son caractère

Le caractère peut être traduit par un adjectif qualificatif.

Joyeux, triste, sévère, gentil, drôle…

Un autre moyen de dévoiler le caractère d'un personnage tout en rendant ton texte plus vivant consiste à montrer son comportement, c'est-à-dire comment il agit. Par exemple, tu peux faire comprendre au lecteur que le personnage est distrait de la manière suivante :

Hector se lève et se prend les pieds dans le tapis. Il part à l'école avec son sac de tennis. Il dit « Bonjour Madame » au Directeur. Il sursaute et répond « Présent » quand la maîtresse lui pose une question. Il rate une marche dans l'escalier. À la cantine, il verse de l'eau à côté de son verre, prend sa cuillère pour manger sa viande…

Son âge

L'âge exact ou une indication : âgé, bébé, petite fille, garçon d'une douzaine d'années.

Pour présenter un événement

Réponds aux questions de base : qui fait quoi, où, quand, comment, quelles causes, quelles conséquences ? Mais pour que le lecteur imagine vraiment la scène, aide-toi de ces suggestions.

1. Décris la situation (circonstances, faits…)

Enzo et Lara sont gourmands. Ils décident d'aller en cachette dans le jardin du père Bourru pour y cueillir des cerises.

2. Décris ce qui arrive

Indique les actions en les reliant entre elles par des repères temporels ou logiques.

Ils attendent le moment où le vieux monsieur fait habituellement la sieste. Ils s'introduisent alors dans le jardin et commencent à remplir le sac qu'ils ont apporté. De temps à autre, ils s'arrêtent pour déguster les fruits. Tout semble calme mais, soudain, ils entendent une voix : « Chenapans, voleurs ». Le père Bourru les a surpris.

Enzo et Lara s'enfuient à toute allure, le père Bourru à leur trousse. Ils sont heureusement plus rapides que lui et arrivent finalement à se faufiler sous les barbelés. Les voilà sauvés. Mais ils ont eu très peur. Depuis lors, ils évitent ce genre de mésaventure.

3. Indique ce que le personnage voit

Le soleil à travers les arbres, une maison délabrée, un spectacle étrange, un puits mystérieux, un long couloir obscur, une lueur rouge, une écharpe bariolée...

4. Indique ce que les personnages entendent

Des murmures étouffés, des moteurs qui grondent, des pneus qui crissent sur le gravier, un rire tonitruant...

5. Indique ce que les personnages sentent

Une odeur alléchante, un parfum de vanille, la senteur des pins, l'arôme du chocolat...

6. Indique ce que les personnages disent

Lorsqu'un interlocuteur prend la parole, tu vas à la ligne et tu ouvres les guillemets ou tu places un tiret.
Lorsqu'un autre interlocuteur parle, tu vas de nouveau à la ligne et tu la commences par un tiret. À la fin de la conversation, tu fermes les guillemets si tu as utilisé ce signe de ponctuation au début. Sinon, tu termines seulement par un point.
Un jour, Renaud tomba de bicyclette et revint à la maison avec une belle bosse sur le front. La tante chez laquelle il vivait (car ses parents étaient allés chercher du travail en Allemagne) s'affola. C'était justement une de ces personnes qui s'alarment pour un rien.
« Renaud, mon enfant, que t'est-il arrivé ?
— Rien de grave, Tante Rose. Je suis tombé de bicyclette, c'est tout.
— Mon Dieu, c'est effrayant !
— Mais puisque tu ne m'as même pas vu tomber !
— Eh bien, c'est précisément pour ça ! »

7. Indique ce que le personnage ressent

Il est effrayé, surpris, désemparé, inquiet, soulagé, fou de joie, ému, triste... Plutôt que de nommer simplement le sentiment, tu peux indiquer sa cause, les signes qui le traduisent, les réactions du personnage. Ce procédé est plus parlant pour ton lecteur. Par exemple, si un personnage a peur, tu peux utiliser quelques-unes de ces expressions.
Dans la nuit, alors qu'il rentre chez lui à travers les bois, Ulysse entend soudain des pas derrière lui, des craquements et une respiration rauque. Son cœur bat, il se met à trembler. Pris de panique, il s'élance droit devant lui à travers les ronces qui lui griffent le visage

Le « hit-parade » des fautes d'orthographe

Bien sûr, tu dois connaître les règles qui permettent de bien orthographier mais elles se trouvent dans ton manuel de grammaire. Le but est, ici, de te donner, en cas d'urgence, des astuces pour éviter les pièges les plus souvent rencontrés. La question est : comment écrire les mots fréquemment confondus ?
Pour connaître l'orthographe d'un mot, tu peux essayer de trouver des petits « trucs ». Par exemple, l'orthographe de *toujours* se retient bien à l'aide de la phrase : « *Toujour**s** prend toujours un **s*** ».

Comment éviter les fautes portant sur les homonymes grammaticaux ?

Mur, mûre – laid, lait – mère, mer...
Ces mots sont des homonymes, c'est-à-dire des mots qui se prononcent de la même façon mais... qui s'écrivent différemment.
Reporte-toi à la page 85 pour apprendre et retenir ces homonymes.

Est ou **et** ?
*Ma sœur **est** partie → Ma sœur **était** partie.*
*Ma sœur **et** son amie sont parties.*
Si tu hésites entre « est » ou « et », essaie de remplacer par « était » ; si c'est possible, tu écris *est*.

Son ou **sont ?**

*Le bébé suce **son** pouce.*

*Les bébés **sont** endormis → Les bébés **étaient** endormis.*

Si tu hésites entre « son » et « sont », essaie de remplacer par « étaient » ; si c'est possible, écris *sont.*

On ou **ont ?**

***On** entend le vent dans les arbres.*

*Les enfants **ont** choisi leur jeu préféré → Les enfants **avaient** choisi.*

Si tu hésites entre « on » et « ont », essaie de remplacer par « avaient » ; si c'est possible, écris *ont.*

A ou à ?

*Lilou **a** cueilli des cerises → Lilou **avait** cueilli des cerises.*

*Lilou est arrivée **à** l'heure.*

Si tu hésites entre « a » et « à », essaie de remplacer par « avait » ; si c'est possible, écris *a.*

Ce ou **se ?**

***Ce** paysage est splendide : « ce » est placé devant un nom : paysage.*

*Mon frère **se** couche tard : « se » est placé devant un verbe : se coucher.*

Devant un nom ou un adjectif, tu écris ***ce*** avec un ***c***.

Devant un verbe, tu écris ***se*** avec un ***s***.

Leur ou **leurs ?**

*La maman **leur** donne (verbe) la main → La maman **lui** donne la main.*

***Leurs** mains sont froides.*

Si tu peux remplacer « leur » par « lui », tu n'accordes pas, tu écris « leur » sans « s ».

Verbe terminé par é ou **er ?**

*Le chien essouffl**é** va rentr**er** dans sa niche.*

Remplace le verbe par l'infinitif d'un verbe du troisième groupe (« prendre, disparaître ») ; si c'est possible, tu écris *er.*

Le chien prendre (impossible, donc = é) va prendre (possible, donc er).

Un, deux, trois...

*Les cin**q** cartes, huit mill**e**, trois cent**s**, quatre cen**t** quarante, quatre-ving**ts**, quatre-ving**t**-cinq.*

Les nombres sont invariables sauf « vingt » et « cent ». Vingt et cent se mettent au pluriel lorsque aucun autre nombre ne les suit.

Tout, toute, tous, toutes ou **tout ?**

Tout le *livre,* ***toute la*** *fiche,* ***tous les*** *livres,* ***toutes les*** *fiches, la souris est* ***tout*** *apeurée.*

Lorsque « tout » peut être remplacé par « tout à fait », il ne s'accorde pas, « la souris est tout à fait apeurée ».

Lorsque « tout » se rapporte à un nom, il est variable : « tou**t** » si le nom qui suit est masculin singulier, « tout**e** » si le nom est féminin singulier, « tou**s** » si le nom est masculin pluriel, « tout**es** » si le nom est féminin pluriel.

Comment éviter les fautes portant sur les accords ?

1. Accord du verbe

La *voiture dérap**e**. (singulier) –* ***Les*** *voitures dérap**ent**. (pluriel).*

Le verbe s'accorde toujours avec son sujet.

2. Accord de l'adjectif qualificatif

Le loup *est gran**d**. (masculin singulier) –* ***La louve*** *est gran**de**. (féminin singulier) –* ***Les loups*** *sont gran**ds**. (masculin pluriel) –* ***Les louves*** *sont gran**des**. (féminin pluriel).*

L'adjectif qualificatif s'accorde en genre (féminin ou masculin) et en nombre (singulier ou pluriel) avec le nom qu'il qualifie (avec le nom auquel il se rapporte).

3. Accord des noms

Le *jouet (singulier),* ***les*** *jouet**s** (pluriel),* ***des*** *jouet**s** (pluriel).*

Pour former le pluriel des noms, il faut le plus souvent ajouter un ***s*** au nom singulier.

Exceptions

le *fe**u**,* ***les*** *fe**ux** –* ***le*** *noy**au**,* ***les*** *noy**aux** –* ***le*** *cham**eau**,* ***les*** *cham**eaux**.*

Les noms se terminant par *au, eau, eu* prennent un *x* au pluriel.

50 mots invariables, à connaître !

Heureusement, certains mots sont invariables : ils ne changent jamais d'orthographe ! Connaître leur orthographe en priorité est une excellente stratégie.

Utilise toujours les mots dans une phrase avant de les apprendre.

1. alors – 2. déjà – 3. voilà – 4. avant – 5. maintenant – 6. pendant – 7. aussitôt – 8. ainsi – 9. aussi – 10. parmi – 11. ici – 12. voici – 13. aujourd'hui – 14. demain – 15. hier – 16. longtemps – 17. tard – 18. ailleurs – 19. près – 20. très – 21. après – 22. pourtant – 23. autrefois – 24. parfois – 25. quelquefois – 26. au milieu – 27. dessous – 28. dessus – 29. assez – 30. beaucoup – 31. dans – 32. malgré – 33. surtout – 34. trop – 35. sans – 36. depuis – 37. jamais – 38. mais – 39. toujours – 40. comme – 41. comment – 42. seulement – 43. souvent.

Les mots les plus fréquents

Voici des mots que tu rencontres souvent. Retiens leur orthographe (voir comment procéder, p. 85). Tu constateras très vite de réels progrès.

Un petit « truc »

Pour savoir si un mot se termine par une lettre muette, c'est-à-dire une lettre qu'on n'entend pas, essaie de trouver un (ou des) mots de la même famille.
Exemple : chan**t** → chan**t**eur ; peti**t** → peti**t**e ; bor**d** → bor**d**er.

Des qualités et des défauts

1. affectueux – 2. sincère – 3. insolent – 4. honnête – 5. moqueur – 6. amusant – 7. sérieux – 8. taquin – 9. hypocrite – 10. sympathique – 11. adroit – 12. secret – 13. drôle – 14. aimable – 15. gentil – 16. joyeux – 17. bavard – 18. méfiant – 19. dangereux – 20. gourmand – 21. nerveux – 22. doux – 23. coquet – 24. discret – 25. rêveur.

Des pieds à la tête

26. corps – 27. taille – 28. attitude – 29. geste – 30. mimique – 31. femme – 32. homme – 33. enfant – 34. jeune – 35. vieux – 36. âgé – 37. maigre – 38. immense – 39. long – 40. court – 41. mince – 42. gros – 43. châtain – 44. brun – 45. blond – 46. petit – 47. faible – 48. beau – 49. laid – 50. aveugle – 51. lunettes – 52. – yeux – 53. nez – 54. visage – 55. cheveux – 56. oreille –

57. paupière – 58. main – 59. joue – 60. genou – 61. front – 62. sourcil – 63. dent – 64. dos – 65. tête – 66. main – 67. doigt.

Du rire aux larmes...

68. émotion – 69. bonheur – 70. joie – 71. espoir – 72. amour – 73. amitié – 74. pitié – 75. tendresse – 76. liberté – 77. peur – 78. frayeur – 79. angoisse – 80. anxiété – 81. épouvante – 82. étonnement – 83. haine – 84. colère – 85. peine – 86. douleur – 87. honte – 88. tristesse – 89. chagrin – 90. ennui – 91. souffrance – 92. impatience.

Du coq à l'âne...

93. dinosaure – 94. baleine – 95. aigle – 96. canard – 97. papillon – 98. chameau – 99. chat – 100. coquillage – 101. araignée – 102. serpent – 103. cygne – 104. corbeau – 105. écureuil – 106. girafe – 107. escargot – 108. éléphant – 109. poisson – 110. hibou – 111. hirondelle – 112. insecte – 113. loup – 114. oiseau – 115. renard – 116. souris – 117. singe – 118. tortue – 119. grenouille – 120. zoo – 121. ronronner – 122. aboyer – 123. rugir – 124. sauvage – 125. troupeau – 126. berger – 127. nid – 128. œuf – 129. aile – 130. cage – 131. aquarium.

Jour après jour...

132. siècle – 133. année – 134. mois – 135. journée – 136. heure – 137. printemps – 138. été – 139. automne – 140. hiver – 141. janvier – 142. février – 143. mai – 144. juin – 145. juillet – 146. août – 147. septembre – 148. novembre – 149. décembre – 150. saison – 151. anniversaire – 152. naissance – 153. Noël – 154. Pâques – 155. nuit – 156. semaine.

Des habitations et des meubles...

157. immeuble – 158. maison – 159. château – 160. adresse – 161. étage – 162. escalier – 163. ascenseur – 164. appartement – 165. chambre – 166. grenier – 167. salle de bains – 168. garage – 169. fenêtre – 170. toit – 171. lumière – 172. robinet – 173. évier – 174. baignoire – 175. armoire – 176. chaise – 177. fauteuil – 178. berceau – 179. lit.

En route...

180. autobus – 181. bicyclette – 182. bateau – 183. train – 184. démarrer – 185. décoller – 186. frein – 187. embouteillage – 188. aéroport – 189. roue –

190. pneu – 191. volant – 192. guidon – 193. souterrain – 194. voyage – 195. accident – 196. atterrir – 197. démarrer.

Tu fais quoi ?

198. médecin – 199. facteur – 200. gendarme – 201. libraire – 202. maçon – 203. mécanicien – 204. ouvrier – 205. pâtissier – 206. professeur – 207. pompier – 208. pharmacien – 209. électricien – 210. coiffeur – 211. boulanger.

De la pluie et du beau temps...

212. prévision – 213. orage – 214. pluie – 215. brouillard – 216. soleil – 217. vent – 218. tonnerre – 219. éclair – 220. neige – 221. verglas – 222. froid – 223. chaud – 224. tempête – 225. ciel – 226. nuageux – 227. vent – 228. incendie – 229. inondation.

Que faire ?

230. aimer – 231. manger – 232. jouer – 233. souffler – 234. siffler – 235. bâtir – 236. rêver – 237. lancer – 238. griffer – 239. pleurer – 240. peindre – 241. aider — 242. cueillir – 243. dessiner – 244. battre – 245. gagner – 246. tomber – 247. téléphoner – 248. allumer – 249. éteindre – 250. applaudir – 251. s'asseoir – 252. attraper – 253. sauter – 254. se baigner – 255. plonger.

C'est l'heure de se distraire...

256. cirque – 257. balançoire – 258. jouet – 259. poupée – 260. musique – 261. jeu – 262. manège – 263. orchestre – 264. plage – 265. photographier – 266. sport – 267. vacances – 268. piscine – 269. théâtre – 270. télévision – 271. marionnette – 272. comédien – 273. trapéziste – 274. clown.

C'est l'heure de lire...

275. auteur – 276. écrivain – 277. album – 278. poème – 279. sorcière – 280. fée – 281. fantôme – 282. prince – 283. princesse – 284. reine – 285. passionnant – 286. illustration – 287. personnage – 288. héros.

N° de projet 10127116 - FACOMPO
Dépôt légal : mai 2006
Imprimé en France par Mame Imprimeurs